Lesen
Staunen
Wissen

Susanne Rebscher

USA

Vom Wilden Westen zur Weltmacht

Illustrationen von Hans Baltzer

GERSTENBERG

Die Einbandabbildung zeigt das *Mount Rushmore National Memorial* in South Dakota.

Lesen
Staunen
Wissen

Susanne Rebscher, geb. 1966, studierte in Kiel und Bonn
Amerikanistik, Anglistik und Kunstgeschichte. Anschließend
arbeitete sie als Lektorin in einem Buchverlag, bevor sie sich 1999
mit einem Lektoratsbüro selbstständig machte. Seit einigen Jahren
schreibt sie erfolgreich Sachbücher für Kinder und Jugendliche.

Copyright © 2011 Gerstenberg Verlag, Hildesheim
Alle Rechte vorbehalten
Karten (S. 2, 8, 13, 14) Peter Palm, Berlin
Einband, **Gestaltung**, **Satz**
Farnschläder & Mahlstedt, Hamburg
Druck Offizin Andersen Nexö, Zwenkau
Printed in Germany
www.gerstenberg-verlag.de
ISBN 978-3-8369-5570-6

St. Lorenz-I. •Nome

Alaska
1799/1821–1867 russ.
1867 USA
1959 •Fairbanks

•Dutch Harbor

•Anchorage

Pazifischer Ozean

Hudson-Bay

Labrador

Neufundland

KANADA

•Edmonton

Winnipegsee

•Calgary

•Vancouver

•Winnipeg

Quebec

Neu-Schottland

Oahu Honolulu
Maui
Hawaii
0 100 200 300 km

Seattle•
WASHINGTON
1889
Portland•
Columbia

MONTANA
1889

N. DAKOTA
1889

MINNESOTA
1858

Oberer See

Montreal
Ottawa VERMONT
MAINE
1820
NEW HAMPSHIRE
Concord

OREGON
1859
IDAHO
1890
•Boise

WYOMING
1890

S. DAKOTA
1889

Minneapolis•

WISCONSIN
1848

Huronsee

MICHIGAN
1837
Michigansee

Toronto *Ontariosee*
Buffalo•
Eriesee

NEW YORK
MASSACHUSETTS
Boston•
RHODE ISLAND
CONNECTICUT
New York

Reno•
Sacramento• Carson City•

NEBRASKA
1867
•Omaha

IOWA
1846
Des Moines•

Chicago•

Detroit•

ILLINOIS
1818

INDIANA
1816

OHIO
1803
Pittsburgh•

PENNSYLVANIA NEW JERSEY
Philadelphia•
Baltimore•
Washington DELAWARE
MARYLAND

San Francisco•

NEVADA
1864

UTAH
1896

COLORADO
1876
•Denver

Indiana-
polis•

W. VIRGINIA

VIRGINIA
Richmond•

KALIFORNIEN
1850

Las Vegas•

Topeka•
KANSAS
1861

Kansas City•
St. Louis•
MISSOURI
1821

Ohio

KENTUCKY
1792

Raleigh•
N. CAROLINA
Nashville•

Los Angeles•

ARIZONA
1912

Santa Fé•

OKLAHOMA

Memphis•

TENNESSEE

S. CAROLINA

•Phoenix

NEW MEXICO
1912

Oklahoma City•

Little Rock•

ARKANSAS
1836

ALABAMA
1819

Atlanta•
GEORGIA
•Charleston

Montgomery•

*Atlantischer
Ozean*

•Dallas

MISSISSIPPI
1817

TEXAS
1845

LOUISIANA

Baton
Rouge• •New Orleans

FLORIDA
1845

Austin•
•Houston

USA

Arkansas

Missouri

Mississippi

Colorado

Rio Grande

•Miami

Pazifischer Ozean

Golf von Mexico

MEXIKO

Inhalt

Christoph Kolumbus landet im Herbst 1492 auf der Insel Watling Island.

Ein neuer Kontinent

Die Vereinigten Staaten von Amerika – das legendäre Land der unbegrenzten Möglichkeiten! Auf der ganzen Welt übt der »American Way of Life«, die amerikanische Lebensweise, eine magische Anziehungskraft auf die Menschen aus. Sie wollen das Land, das man so gut aus Geschichte, Film und Fernsehen kennt, mit eigenen Augen sehen oder sogar selbst dort leben. Auch Deutsche fliegen gerne »über den großen Teich« – die USA sind das Austauschland Nummer 1 für deutsche Jugendliche!

Die spannende Geschichte der Vereinigten Staaten beginnt ebenfalls mit Menschen, die ihre Heimat verließen, weil die verlockende Ferne sie anzog. Den Anfang machten wagemutige Seefahrer aus Europa. Im 15. und 16. Jahrhundert segelten sie los, um die Welt zu erkunden. Der Seefahrer Christoph Kolumbus stieß auf seinem Weg nach Westen – allerdings ohne es zu wissen – auf einen neuen Kontinent: Amerika. Ein neuer, spannender Teil unserer Weltgeschichte wurde von nun an geschrieben.

Nachdem rund 200 Jahre später die 13 britischen Kolonien an der amerikanischen Ostküste ihre Unabhängigkeit errungen hatten, zog es Millionen von Menschen von Europa aus über den Atlantik. Das heute drittgrößte Land der Welt wurde zum Symbol für Freiheit und den großen Lebenstraum, für den sie bereitwillig alles hinter sich ließen. Doch auf die meisten Auswanderer wartete kein einfaches Leben. Die neue Nation musste viele innere und äußere Konflikte bewältigen, bis sie zu einer Weltmacht wurde.

Kaum ein Land auf der Welt ist für uns so interessant und übt eine solche Anziehungskraft auf uns aus wie die USA. In diesem Buch lernst du Land und Leute und die bewegte Geschichte der Vereinigten Staaten kennen!

Die Entdeckung eines neuen Kontinents

Die Wikinger in Nordamerika Eigentlich waren die Wikinger die ersten europäischen Entdecker Nordamerikas. Das weiß man, seit Archäologen 1961 Siedlungsreste an der Nordspitze Neufundlands gefunden haben. Die Wikinger machten sich um 982 n. Chr. mit ihren Schiffen auf den Weg nach Westen, um neues Land zu suchen. Unter ihrem Anführer Erik dem Roten landeten sie zunächst an der Küste von Grönland. Von dort aus segelte Eriks Sohn Leif etwa im Jahr 1000 weiter und erreichte das heutige Neufundland. Die von ihm gegründete Wikingersiedlung, die er Vinland nannte, hielt sich jedoch nicht lange.

Leif Eriksson vor dem nordamerikanischen Kontinent

Amerigo Vespucci

Auf zu neuen Ufern!

Die unbekannten Pioniere Vermutlich war es sehr kalt und die Menschen in ihrer Fellbekleidung stemmten sich gegen einen eisigen Wind, als sie zu Hunderten oder gar Tausenden über eine Landbrücke von Asien in das bisher unentdeckte Nordamerika zogen. Die letzte Eiszeit hatte ein Absinken des Meeresspiegels am nördlichen Polarkreis bewirkt. Dadurch war an der Meerenge zwischen Asien und Amerika, der heutigen Beringstraße, eine Verbindung vom einen Kontinent zum anderen entstanden. Die nicht sesshaften asiatischen Jäger und Sammler waren auf der Suche nach mehr Nahrung. Während ihrer langen Wanderung von Alaska bis an die Spitze Südamerikas bevölkerten diese ersten Entdecker der Neuen Welt vor 12 000 Jahren und teils sogar noch früher nach und nach den gesamten amerikanischen Kontinent, der bis dahin vermutlich nur von Tieren bewohnt war. In der Folge bildeten sich zahlreiche Inuit- und Indianerstämme heraus. Jahrtausendelang lebten diese in Abgeschiedenheit vom Rest der Welt. Die Eismassen waren längst geschmolzen, die Landbrücke nach Asien wieder im Meer verschwunden.

Die großen Entdecker Erst im 15. Jahrhundert wurde Amerika »wiederentdeckt«, doch diesmal von Europa aus. Es ist die Zeit, die später Renaissance genannt wurde. Wissenschaftler und Seefahrer in Europa studierten Weltkarten aus der Antike, die bereits angaben, dass es noch mehr Land auf der Erde geben müsste als ihres. Machthungrige Herrscher suchten Männer, die sich in ihrem Auftrag auf das Meer hinauswagten, um Gold und andere Reichtümer zu finden. Einer dieser Abenteurer war Christoph Kolumbus (ca. 1451–1506) aus Genua.

Am 3. August 1492 stach Kolumbus in See. Und wirklich: Bereits nach etwa acht Wochen erreichte er neues Land, vermutlich die Bahama-Insel San Salvador. Anschließend landete er in Kuba, Haiti, Jamaika und setzte seinen Fuß auf südamerikanisches Festland. Nordamerika erreichte Kolumbus allerdings nie. Bis zu seinem Tod glaubte der große Entdecker, in Indien gelandet zu sein. Dass es sich vielmehr um eine »Neue Welt« handelte, die Kolumbus entdeckt hatte, vermutete sein Zeitgenosse und Landsmann Amerigo Vespucci (1451–1512). Dieser segelte 1499 das erste Mal auf Kolumbus' Spuren Richtung Westen und erreichte ebenfalls Südamerika.

Der erste Entdecker dieser Zeit, der die Küste Nordamerikas betrat, war Giovanni Caboto (ca. 1450–1498), besser bekannt unter seinem englischen Namen John Cabot. Er segelte 1497 im Auftrag der englischen Krone nach Westen, um einen Seeweg nach Asien zu finden. Cabot landete in Neufundland, Labrador und Neuengland. Er allerdings glaubte sich in China! Von seiner zweiten Seereise nach Westen – er wollte Japan finden – kehrte er nicht zurück. England hatte bis zum Ende des 16. Jahrhunderts kein Interesse an weiteren Expeditionen.

Wie Amerika zu seinem Namen kam Von den Reiseerlebnissen Amerigo Vespuccis las auch der deutsche Landkartenzeichner Martin Waldseemüller (ca. 1470–1520). Dieser arbeitete gerade an einer Weltkarte und hatte auf ihr bereits die Umrisse des neu entdeckten Kontinents eingezeichnet. Allerdings waren es die groben Umrisse des uns bekannten Südamerika. Nordamerika war für die damaligen Entdecker und Wissenschaftler noch nicht interessant genug, denn es hatte nur Wälder und Steppen vorzuweisen statt die Reichtümer alter Kulturen wie die der Inka oder Azteken in Südamerika. Nun schrieb er auf das neu entdeckte Land einen Namen, der bis heute gültig ist: America – abgeleitet von Vespuccis Vornamen.

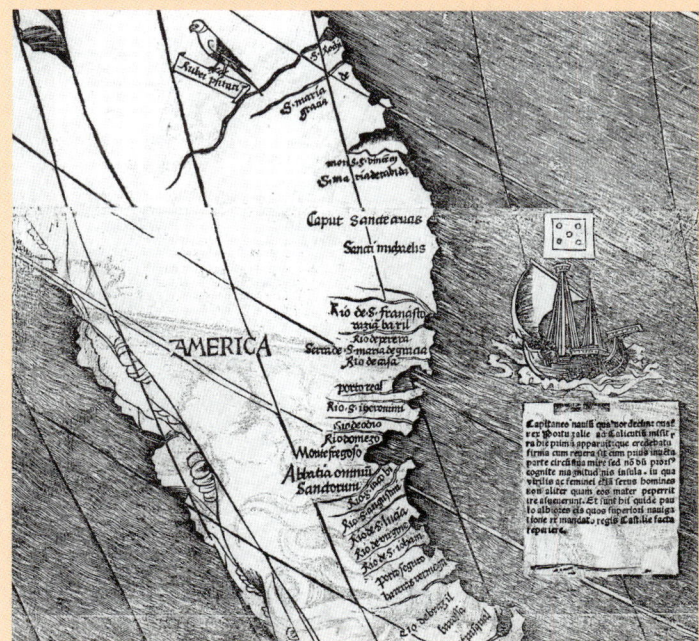

Ein neuer Kontinent (hier ein Ausschnitt) ist von nun an auf den damaligen »Weltkarten« abgebildet: America.

Christoph Kolumbus kehrt von seiner ersten Reise mit reicher Beute und amerikanischen Ureinwohnern zurück, über deren Auftreten die Europäer sehr staunen.

Die Vorfahren der amerikanischen Indianer kamen vom asiatischen Kontinent. Sie waren auf der Suche nach Land, das ihnen mehr Nahrung bieten konnte als ihre alte Heimat.

Amerika und seine Ureinwohner

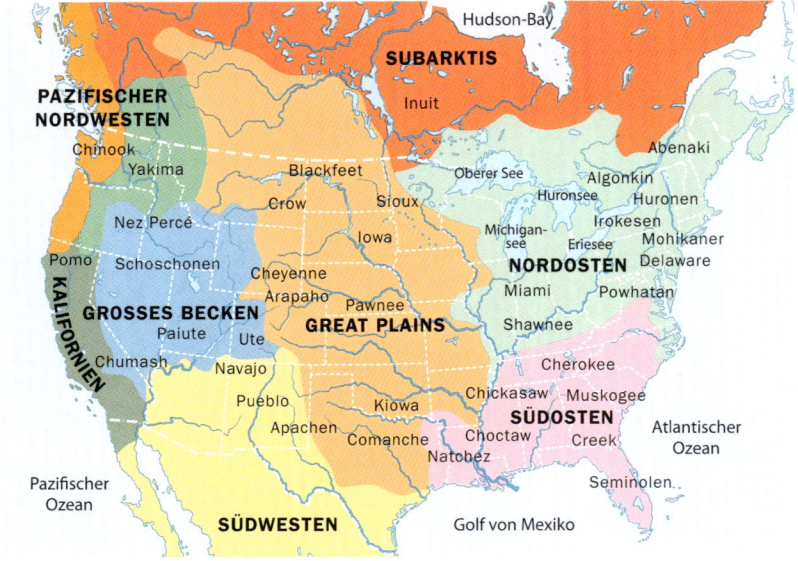

Von den ursprünglich mehrere Millionen zählenden Ureinwohnern Nordamerikas – hier eine Auswahl der dort lebenden Indianerstämme – waren Anfang des 20. Jahrhunderts nur noch etwa 250 000 übrig.

Viele Stämme und Sitten

Als Christoph Kolumbus seinen Fuß auf südamerikanisches Festland setzte, glaubte er sich in Indien. Deshalb bezeichnete er die Menschen, die er dort antraf, alle als »Indianer«. Trotz seines bald aufgedeckten Irrtums blieb dieser Name für die Ureinwohner des gesamten amerikanischen Kontinents bestehen. Lediglich die Menschen im eisigen Norden nannte man Eskimos (heute: Inuit). Dabei hatten die amerikanischen Ureinwohner sehr unterschiedliche Lebensgewohnheiten und bildeten Hunderte von verschiedenen Stämmen.

In den östlichen Waldregionen Amerikas lebten Kleinwildjäger und Fischer wie die Algonkin und die Huronen. Sie bauten unter anderem Gerste und Mais an und trieben Handel. Wenn die Bodenerträge innerhalb ihres Siedlungsgebiets sanken und das Feuerholz weniger wurde, zogen die Stämme weiter und gründeten woanders ein neues Dorf.

Die Indianer in den großen Steppen im Mittleren Westen, den *Great Plains,* lebten von der Bisonjagd. Sie trieben hauptsächlich Handel mit den Pueblo-Indianern im Südwesten wie den Hopi und Zuni. Diese waren bereits früh sesshaft geworden und für ihre mehrstöckigen Wohnanlagen – zunächst aus Baumstämmen und Lehm, später aus Stein errichtet – berühmt.

Jeder Indianerstamm hatte seine eigene Sprache, was die Verständigung erschwerte. Doch die amerikanischen Ureinwohner fanden eine Lösung: Sie entwickelten eine

Sei gegrüßt!

Freund

Zeichensprache der Indianer

Zeichensprache, die alle verstanden. Das Gleiche galt für Rauchsignale, mit denen sie Botschaften bis zu 80 Kilometer weit übermitteln konnten. Eine Schrift kannten die nordamerikanischen Indianer nicht. Lediglich Zeichnungen auf Bisonleder sind uns überliefert.

Der Kampf um Land und Nahrung Als im 15. Jahrhundert die ersten Weißen ihr Land betraten und in ihre Gebiete eindrangen, änderte sich das Leben der Indianer auf dramatische Weise. Von den Europäern eingeschleppte und verbreitete Krankheiten löschten ganze Stämme aus. Die Indianerstämme bekämpften sich zwar auch untereinander und zum Teil sehr heftig, aber in den Kämpfen mit den Europäern um ihr Land und damit auch um ihre Nahrungsquellen hatten sie besonders hohe Verluste zu beklagen. Die wenigen Überlebenden wurden zwangsumgesiedelt oder als Arbeitssklaven verkauft.

Ab 1849 schickte das »Büro für Indianische Angelegenheiten« die Indianer in »Schutzgebiete« – sogenannte Reservate –, um sie besser kontrollieren zu können. Heute sind diese Reservate beliebte Touristenattraktionen. Das Leben der Indianer ist nach wie vor nicht leicht: Als Minderheit am Rande der Gesellschaft kämpfen sie gegen Arbeitslosigkeit, Alkoholabhängigkeit und den Verlust ihrer Traditionen.

Der »Trail of Tears« (Weg der Tränen) erlangte traurige Berühmtheit, als fünf Indianerstämme in den 1830er-Jahren aus dem Südosten in den Westen der USA zwangsumgesiedelt wurden.

1867 schlugen die Häuptlinge Sitting Bull und Crazy Horse mit ihren Kriegern die US-Truppen unter Oberbefehlshaber Custer am Little Bighorn River vernichtend.

Du und ich

Zusammenkommen

Red Cloud

Lebensdaten 1822–1909

Herkunft Nebraska/USA

Familie Mutter: Oglala-Lakota-Indianerin; Vater: Brulé-Lakota-Indianer; Eltern sterben früh

Besonderheiten Wächst bei seinem Onkel Weißer Habicht auf; wird Schamane und Krieger, später Häuptling; führt Angriffe gegen Trecks weißer Siedler an und bekämpft im Red-Cloud-Krieg (1866–1868) US-Truppen, um das Land seines Volkes zu verteidigen

Die ersten Siedler

Endlich sind die Puritaner in der ersehnten Neuen Welt angekommen und können am Plymouth Rock wieder festen Boden betreten.

Viele Weiße erkannten im Pelzhandel eine gute Einkommensquelle und waren als Fallensteller und Pelztierjäger (Trapper) unterwegs. Besonders Biberpelz war sehr begehrt.

Die frühen Kolonien

»Land in Sicht! Kommt alle her, Land in Sicht!« Vermutlich wusste der Seemann an Bord des Segelschiffes *Mayflower,* der als Erster die Küste Nordamerikas am Horizont erblickte, in diesem Moment nicht, ob er jubeln oder vor Erleichterung weinen sollte. Denn für die etwa 100 englischen Auswanderer war damit endlich eine lange Seereise voller Entbehrungen zu Ende.

Im November 1620 ging die Besatzung der *Mayflower* auf der Halbinsel Cape Cod vor der Küste des heutigen Massachusetts an Land. Die Ankömmlinge, auch *Pilgrim Fathers* (Pilgerväter) genannt, ließen sich dort nieder und errichteten eine Kolonie. Noch auf hoher See hatten die Menschen auf der *Mayflower* einen Vertrag mit wichtigen Grundregeln für ihre neue Heimat aufgesetzt. Etwas für diese Zeit völlig Neues war darin enthalten: Es sollte keinen König geben, sondern einen Gouverneur und mehrere Volksvertreter, die gemeinsam Gesetze festlegten. Ihre Kolonie war wie ein Staat organisiert mit einem demokratischen Zusammenleben, wie wir es heute kennen.

Etwas weiter südlich an der Ostküste errichteten sechs Jahre später niederländische Kolonisten mit der Siedlung Nieuw Amsterdam ein wichtiges Handelszentrum. Nach einem englisch-niederländischen Seekrieg fiel die Siedlung 1664 an England, ging in den Besitz des Herzogs von York über und erhielt den Namen New York.

Verfolgung, Hunger und Krieg Warum waren diese Männer, Frauen und Kinder ausgewandert? Verzweiflung und Hoffnungslosigkeit trieben unzählige Menschen in Europa dazu, ihre Heimat und ihren Besitz für immer zu verlassen. Bei den Passagieren der *Mayflower* waren es religiöse Gründe. Als strenggläubige Puritaner (engl. *pure* = rein) setzten sie sich für eine »Reinigung« der englischen Kirche von römisch-katholischen Elementen ein und gerieten so immer wieder in Streit mit ihrem König und den Kirchenoberen. Viele weitere Glaubensgruppen suchten wie sie Glaubensfreiheit in Amerika.

> »Sie sahen nur eine schreckliche und einsame Wildnis«
>
> **William Bradford,**
> Puritaner und Gouverneur der Kolonie Plymouth

Mitte des 19. Jahrhunderts flüchteten Millionen von Iren vor der Großen Hungersnot in ihrem Land dorthin. Auch Kriege oder die gescheiterte Revolution 1848 in Deutschland trieben zahllose Menschen über das Meer.

Die Spanier und Franzosen siedelten Ende des 16. Jahrhunderts im Süden Nordamerikas. Erstere waren hauptsächlich an Gold und der Bekehrung der Indianer zum christlichen Glauben interessiert. Doch Gold war in dieser Gegend kaum zu finden, weshalb die Spanier bald wieder aus Nordamerika abzogen. Auch die Franzosen interessierten sich wenig für die Gründung von Kolonien. Sie trieben vorwiegend Handel mit den Indianern. Besonders interessant war für sie der Pelzhandel, weshalb sie sich im Laufe der Zeit vor allem im Gebiet des heutigen Kanada ansiedelten.

Da die meisten Auswanderer Briten waren, entwickelte sich Englisch schnell zur allgemeinen Alltagssprache in Nordamerika.

Das 1607 gegründete Jamestown gilt heute als die erste englische Siedlung auf amerikanischem Boden.

Pennsylvania und die Deutschen Die Kolonie Pennsylvania erhielt ihren Namen von dem britischen Admiralssohn William Penn, der dort eine Zuflucht für Quäker einrichtete. Diese Menschen forderten Glaubensfreiheit und absolute Gleichheit unter den Menschen, was dem englischen König, der englischen Kirche und dem Adel wenig gefiel. Hauptstadt wurde Philadelphia – der Name bedeutet »Stadt der brüderlichen Liebe«. Penn hatte die Kolonie 1681 von seinem König als Schuldenrückzahlung erhalten.

Auch deutsche Auswanderer fanden hier eine neue Heimat: 1683 ließen sich in der Nähe 13 deutsche Familien aus Krefeld nieder und gründeten »Germantown«, heute ein Stadtteil von Philadelphia. Germantown wurde zum Zentrum für deutsche Einwanderer, bis es mehrere Jahrzehnte später von Wisconsin abgelöst wurde.

William Penn bei seiner Ankunft in Amerika

Die ersten Siedler müssen ihr neues Leben unter schweren Bedingungen aufbauen: Angriffe durch wilde Tiere, Indianer oder Banditen und die raue Natur. Doch das ist ihnen die Freiheit wert. Den Maisanbau lernten sie übrigens von den Indianern.

Eine Nation entsteht: die USA

Kampf um Unabhängigkeit

Immer mehr britische Auswanderer ließen sich an der nordamerikanischen Ostküste nieder. Bis Mitte des 18. Jahrhunderts entstanden dort 13 britische Kolonien. Die Siedlungsgrenze nach Westen lief entlang der Appalachen-Berge. Die Kolonien blieben trotz ihrer weitestgehenden Selbstständigkeit ihrem Mutterland treu: Wenn Großbritannien in Europa Krieg gegen Frankreich führte, kämpften die Siedler auf ihrem Kontinent ebenfalls gegen die Franzosen. So auch während des Siebenjährigen Krieges (1756–1763), in dem Frankreich sich mit Österreich gegen Großbritannien verbündete, um die Vorherrschaft in Europa zu erlangen. In Amerika ging der Krieg als »French and Indian War« in die Geschichte ein, da die Franzosen Seite an Seite mit den Indianern gegen die Briten kämpften. Am Ende zwang Großbritannien Frankreich in die Knie. Es erhielt als Entschädigung unter anderem Kanada und besaß damit die meisten Kolonien in Nordamerika.

Doch schon bald kamen Spannungen zwischen den britischen Kolonien und ihrem Mutterland auf. Großbritannien wollte seinen Einfluss in Übersee stärken. Es erhöhte unter anderem seine Truppenanzahl und führte Steuergesetze ein, um seine Kriegsschulden zu tilgen. Da die Kolo-

Die Boston Tea Party   Aus Wut gegen die ungerechte Teesteuer stürmten am 16. Dezember 1773 in Boston etwa 60 Mitglieder der »Sons of Liberty« (Söhne der Freiheit) als Indianer verkleidet drei Teeschiffe und warfen die gesamte wertvolle Ladung ins Hafenbecken. Die Schiffe gehörten der East India Company, einer Handelsgesellschaft der britischen Krone. Die Kolonisten hatten beschlossen, sich keine ungerechte Besteuerung ihres Mutterlandes Großbritannien mehr gefallen zu lassen. Diese Protestaktion, die als »Boston Tea Party« berühmt wurde, gilt als Auftakt zum amerikanischen Unabhängigkeitskrieg.

aktiv

Wie stellst du dir deinen Staat vor?
Stell dir vor, du könntest mit deinen Freunden einen eigenen Staat gründen. Wie sähe eure Unabhängigkeitserklärung aus? Überlegt euch eine Flagge für euren neuen Staat. Selbst die Farben einer Flagge haben eine Bedeutung. Bei der amerikanischen Flagge steht das Blau für Wachsamkeit, Beharrlichkeit und Gerechtigkeit, das Rot für Tapferkeit und Widerstandsfähigkeit und das Weiß für Reinheit und Unschuld. Welche Farben würdest du wählen, und wofür sollen sie stehen?

nisten nun ihr Mutterland mitfinanzieren sollten, wollten sie auch im englischen Parlament vertreten sein. Doch dort wurde ihr Anliegen abgelehnt. Die Proteste in Nordamerika wurden lauter. Die Kolonien begannen sich zusammenzuschließen. Großbritannien machte daraufhin eine gerade eingeführte Steuer auf Druckerzeugnisse wie Zeitungen rückgängig, besteuerte aber wenig später andere Güter wie Glas, Papier und Tee. Wieder protestierten die Kolonisten. Die Stadt Boston in Massachusetts wurde zum Zentrum des Aufruhrs. Die britische Krone nahm die Besteuerungen erneut zurück – außer die auf Tee! Das führte zu der legendären »Boston Tea Party«.

Der Unabhängigkeitskrieg 1774 trafen sich Vertreter aller britischen Kolonien zu einem Kongress in Philadelphia. Kurze Zeit später kam es zu ersten kriegerischen Auseinandersetzungen, wobei die wenig kampferprobte Bürgerwehr der Kolonisten, die zudem weit in der Unterzahl war, unterlag. Denn die britischen Truppen hatten nicht nur deutsche Söldner als Verstärkung, sondern auch noch eine große Anzahl königstreuer Siedler.

Doch die Kolonisten wollten sich nicht geschlagen geben: Sie arbeiteten eine Schrift aus, mit der sie am 4. Juli 1776 die 13 britischen Kolonien in Nordamerika einfach zu einer eigenständigen Nation erklärten. Etwa ein Jahr später feierten sie in der Schlacht von Saratoga ihren ersten großen Sieg. 1781 besiegte ihr General George Washington die Briten bei Yorktown endgültig.

Im Frieden von Paris 1782 erkannte Großbritannien die Unabhängigkeit seiner Kolonien schließlich an. Eine neue Nation war entstanden: die Vereinigten Staaten von Amerika. Ihr erster Präsident wurde George Washington.

Betsy Ross soll im Auftrag von George Washington (r.) die erste amerikanische Nationalfahne genäht haben.

Thomas Jefferson

Lebensdaten	1743–1826
Herkunft	Shadwell in Virginia/USA
Familie	Jane und Peter Jefferson; 7 Geschwister
Besonderheiten	Wird Anwalt und Politiker; arbeitet die Unabhängigkeitserklärung der USA mit aus; unterstützt als Diplomat in Paris die Anführer der Französischen Revolution; wird 1789 US-Außenminister und 1800 dritter Präsident der USA

Die Unabhängigkeitserklärung Der 33-jährige Rechtsanwalt Thomas Jefferson aus Virginia verfasste 1776 mit John Adams, Benjamin Franklin, Robert R. Livingstone und Roger Sherman die Unabhängigkeitserklärung der Vereinigten Staaten von Amerika. Zu Beginn der Schrift wird betont, dass jedes Volk das Recht besitzen sollte, seine Regierung selbst zu bestimmen und Herrscher, die seinen Willen missachten, abzusetzen. Es folgt eine Aufzählung der Vergehen der britischen Krone gegen ihre nordamerikanischen Kolonien. Diese haben nun, so die Verfasser, die Loslösung der Kolonien vom Mutterland zur Folge.

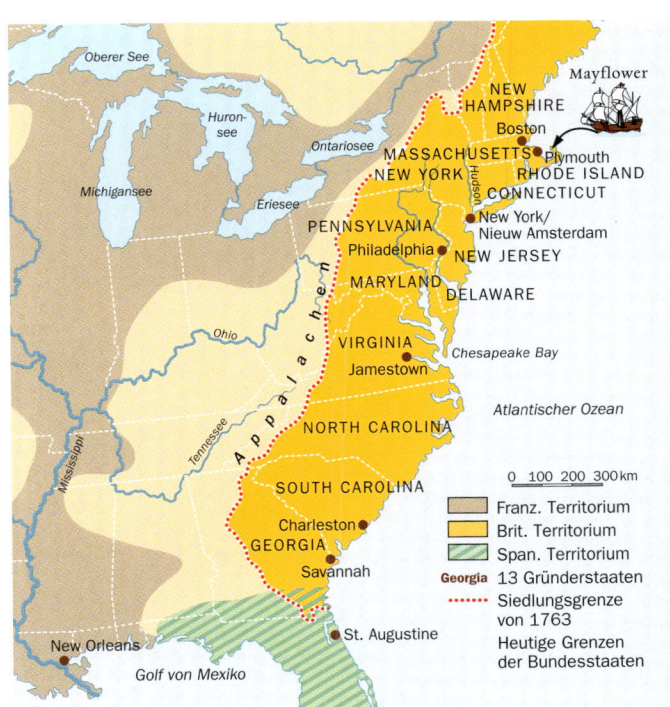

13 britische Kolonien an der Ostküste der heutigen USA erheben sich gegen ihr Mutterland und gründen eine neue Nation.

Die Bürgerwehr der Kolonisten kämpft tapfer gegen die britischen Truppen und ihre Verbündeten, obwohl sie stark in der Unterzahl und wesentlich schlechter ausgerüstet ist.

Bürgerkrieg zwischen Nord und Süd

Sklavenfreie Staaten (Union)
(dazu gehörten auch Kalifornien, Oregon und Nevada)

Sklavenhaltende Staaten (Union)

Sezession nach Kriegsbeginn (Konföderation)

Die Südstaaten als eigene Nation Nachdem die Südstaaten aus der Union ausgetreten waren, benannten sie sich in »Konföderierte Staaten von Amerika« um. Sie erklärten Richmond in Virginia zu ihrer Hauptstadt und wählten den reichen Pflanzer Jefferson Davies zu ihrem Präsidenten. Ihre Fahne hatte ein blaues Kreuz mit weißen Sternen auf rotem Grund. Der Bürgerkrieg ging unter dem Namen »Sezessionskrieg« in die Geschichte ein, abgeleitet von dem englischen Wort für Abspaltung: *secession.*

Eine Nation im Zwiespalt

Am 11. Juni 1789 bezog Präsident Washington seinen Amtssitz in der neuen Hauptstadt Washington, D. C.: das Weiße Haus. Allerdings geriet er dort bald in Gefahr. Als die alten Kolonialherren auf hoher See in Konflikt mit den ehemaligen Kolonisten gerieten, brach der Zweite Unabhängigkeitskrieg gegen Großbritannien aus (1812–14). Der Gegner drang sogar bis in die Hauptstadt vor und brannte die Regierungsgebäude nieder!

Aber auch innerhalb der jungen Nation kam es zum Streit. Im Sommer 1788 hatten die 13 Gründerstaaten eine gemeinsame Verfassung unterzeichnet, waren sich jedoch über einen Punkt uneins: die Sklaverei. Thomas Jefferson, ein Sklaverei-Gegner, hatte ihr Verbot bereits in die Unabhängigkeitserklärung aufnehmen wollen. Die Südstaaten drohten daraufhin mit Abspaltung, falls ein solches Verbot durchkäme, denn sie waren von den Sklaven als billige Arbeitskräfte auf ihren Plantagen abhängig. Der Norden gab nach, erließ aber 1808 ein »Einfuhrverbot« für Sklaven. Daraufhin stellte sich für viele Südstaatler die Frage, ob ein Staat wieder aus der Union austreten könne, wenn er mit deren Politik nicht mehr einverstanden wäre. Diese Frage wurde in der Verfassung nicht beantwortet.

Streit um die Sklavenfrage Die Spannung zwischen Nord und Süd wuchs. Während im Norden große Städte und wichtige Industriezentren entstanden, war der Süden von der Landwirtschaft geprägt. Eine kleine Gruppe reicher Plantagenbesitzer stand dort einer sehr großen Anzahl armer Bauern und rechtloser Sklaven gegenüber. Die

USA wuchsen unaufhaltsam. Louisiana, Texas und Florida kamen hinzu und nach dem Krieg gegen Mexiko (1846–48) fünf weitere Staaten. Bei jedem neuen Staat, der in die Union aufgenommen wurde, gab es Streit über die Erlaubnis der Sklaverei. Die US-Regierung legte schließlich fest, es solle gleich viele Staaten mit und ohne Sklaverei geben.

Da in den nördlichen Staaten die Sklaverei verboten war, flohen immer mehr Sklaven aus dem Süden dorthin. Um der Massenflucht Einhalt zu gebieten, bestanden die Südstaaten auf einem Gesetz, dass die Fluchthilfe strafbar machte. Dann erschien 1852 der Roman *Onkel Toms Hütte*, durch den sich die Sklavereigegner, *Abolitionists* genannt, bestätigt fühlten. Sie wurden lauter und kampfbereiter. Als 1860 auch noch Abraham Lincoln, ein strikter Gegner der Sklaverei, die Präsidentschaftswahl gewann, traten die Südstaaten aus der Union aus. Im Jahr darauf erklärten sie den Nordstaaten den Krieg.

Der Bürgerkrieg Nun mussten die Nordstaaten so schnell wie möglich ihre Hauptstadt Washington, D.C. schützen, die in direkter Nachbarschaft zu den Südstaaten lag. Obwohl ihre Truppen besser ausgerüstet waren,

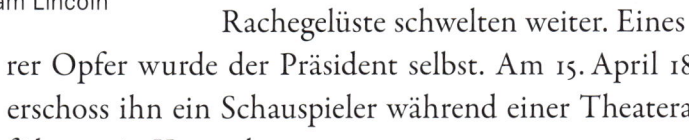

Abraham Lincoln

verloren sie die ersten Schlachten. Dann ließ Präsident Lincoln per Gesetz 1863 alle Sklaven frei. Das stärkte die Position der Nordstaaten. General Ulysses S. Grant führte die Nordstaatentruppen von einem Sieg zum anderen und marschierte schließlich 1865 in Richmond, der neuen Hauptstadt der Südstaaten, ein. Der Süden gab auf, doch Hass und Rachegelüste schwelten weiter. Eines ihrer Opfer wurde der Präsident selbst. Am 15. April 1865 erschoss ihn ein Schauspieler während einer Theateraufführung in Kentucky.

Wollte ein Sklave seinem elendigen Schicksal entkommen, blieb ihm meist nur die Flucht. Doch die war ein großes Risiko. Flüchtige Sklaven wurden erbittert verfolgt und nach der erneuten Gefangennahme hart bestraft.

Onkel Toms Hütte 1852 veröffentlichte die Sklaverei-Gegnerin Harriet Beecher Stowe ihren Roman *Onkel Toms Hütte (Uncle Tom's Cabin)*. Darin schildert sie das Schicksal des Sklaven Tom, der auf einer Baumwollplantage arbeitet und trotz aller damit verbundenen Gefahr zwei anderen Sklaven zur Flucht verhilft. Ihm selbst gelingt es jedoch nicht, der Sklaverei zu entkommen. Der Roman erweckte weltweit Mitgefühl.

Sklaven auf einer Baumwollplantage

Leben als Sklave Die Sklaven gehörten ihrem Besitzer mit Haut und Haar. Sie besaßen keinerlei Rechte, und es war verboten, ihnen Lesen und Schreiben beizubringen. Und: Sklaverei war erblich, Kinder und Enkel waren von Geburt an ebenfalls Sklaven. Viele wurden Christen und pflegten eine Gemeinschaft untereinander, die ihnen Trost gab. Es gab zwar die Möglichkeit, dass ein Sklave nach dem Tod des Besitzers freigelassen wurde oder sich gar freikaufen konnte, doch das war selten. Wollten sie ihrem Schicksal entkommen, blieb nur die Flucht. Als die Unterstützung flüchtiger Sklaven in den USA strafbar wurde, mussten die Entkommenen einen Weg bis nach Kanada finden oder sich gar nach England einschiffen.

Mit der »Hochzeit« der beiden Eisenbahnstrecken am 10. Mai 1869 am Promontory Point/Utah waren Ost und West der USA verbunden.

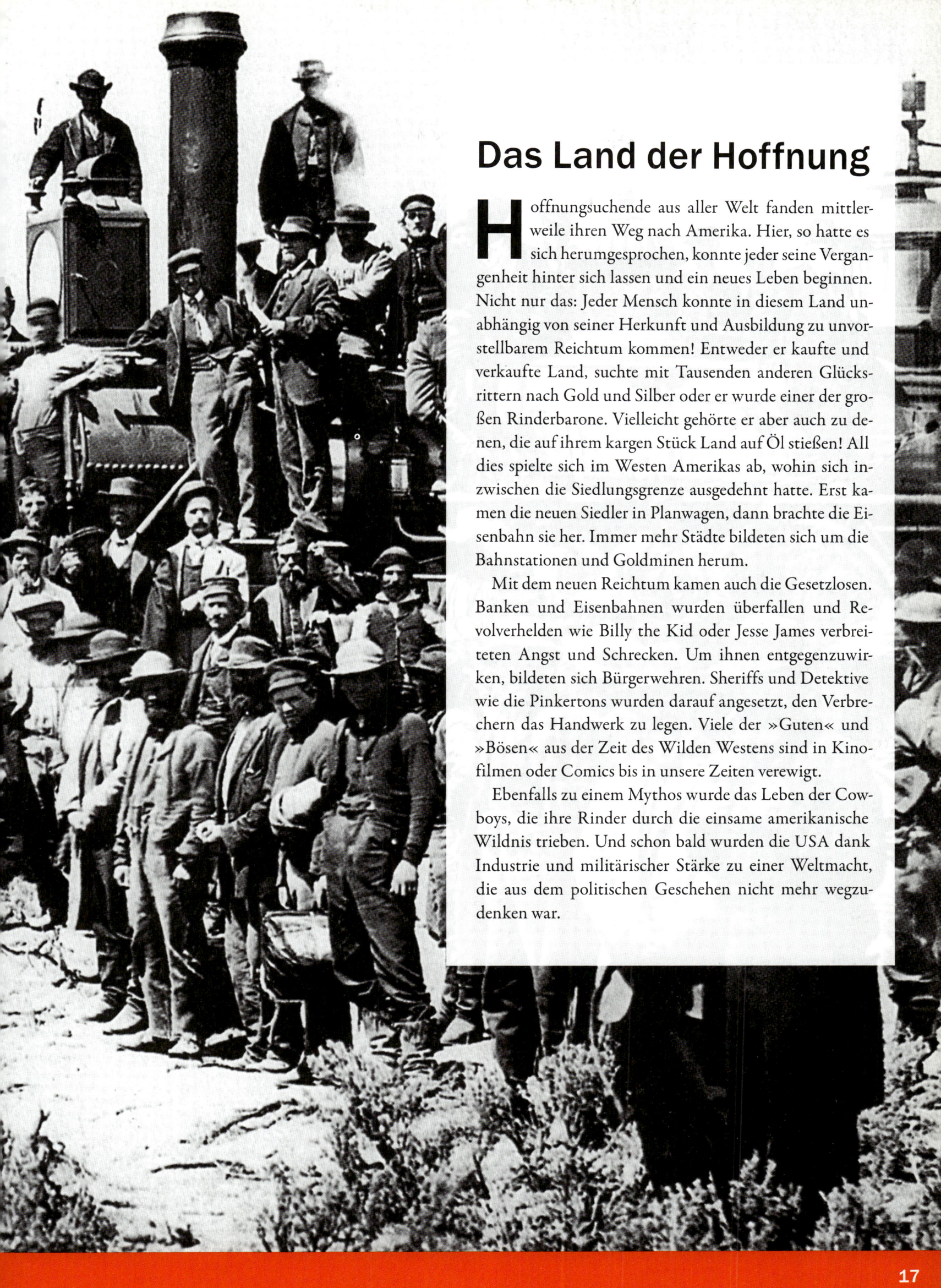

Das Land der Hoffnung

Hoffnungsuchende aus aller Welt fanden mittlerweile ihren Weg nach Amerika. Hier, so hatte es sich herumgesprochen, konnte jeder seine Vergangenheit hinter sich lassen und ein neues Leben beginnen. Nicht nur das: Jeder Mensch konnte in diesem Land unabhängig von seiner Herkunft und Ausbildung zu unvorstellbarem Reichtum kommen! Entweder er kaufte und verkaufte Land, suchte mit Tausenden anderen Glücksrittern nach Gold und Silber oder er wurde einer der großen Rinderbarone. Vielleicht gehörte er aber auch zu denen, die auf ihrem kargen Stück Land auf Öl stießen! All dies spielte sich im Westen Amerikas ab, wohin sich inzwischen die Siedlungsgrenze ausgedehnt hatte. Erst kamen die neuen Siedler in Planwagen, dann brachte die Eisenbahn sie her. Immer mehr Städte bildeten sich um die Bahnstationen und Goldminen herum.

Mit dem neuen Reichtum kamen auch die Gesetzlosen. Banken und Eisenbahnen wurden überfallen und Revolverhelden wie Billy the Kid oder Jesse James verbreiteten Angst und Schrecken. Um ihnen entgegenzuwirken, bildeten sich Bürgerwehren. Sheriffs und Detektive wie die Pinkertons wurden darauf angesetzt, den Verbrechern das Handwerk zu legen. Viele der »Guten« und »Bösen« aus der Zeit des Wilden Westens sind in Kinofilmen oder Comics bis in unsere Zeiten verewigt.

Ebenfalls zu einem Mythos wurde das Leben der Cowboys, die ihre Rinder durch die einsame amerikanische Wildnis trieben. Und schon bald wurden die USA dank Industrie und militärischer Stärke zu einer Weltmacht, die aus dem politischen Geschehen nicht mehr wegzudenken war.

Auf nach Westen

Auf den Planwagen, die von Ochsen oder Pferden gezogen wurden, transportierten die Siedler ihr gesamtes Hab und Gut. Sie schlossen sich zu Trecks zusammen, um sich besser gegen Angriffe von Indianern oder Banditen schützen zu können.

aktiv

Auch du kannst morsen!
Setz dich mit einem Freund oder einer Freundin Rücken an Rücken an zwei Tische oder in zwei durch eine offene Tür getrennte Räume. Jeder hat das Morsealphabet vor sich liegen. Einer denkt sich eine Nachricht aus und klopft diese auf den Tisch. Denk daran: nach jedem Buchstaben eine kleine Pause und nach jedem Satz eine größere. Der andere notiert sich das, was er gehört hat, in Buchstaben auf ein Blatt. Ob die Nachricht wohl richtig angekommen ist?

A ●▬	N ▬●	0 ▬▬▬▬▬
B ▬●●●	O ▬▬▬	1 ●▬▬▬▬
C ▬●▬●	P ●▬▬●	2 ●●▬▬▬
D ▬●●	Q ▬▬●▬	3 ●●●▬▬
E ●	R ●▬●	4 ●●●●▬
F ●●▬●	S ●●●	5 ●●●●●
G ▬▬●	T ▬	6 ▬●●●●
H ●●●●	U ●●▬	7 ▬▬●●●
I ●●	V ●●●▬	8 ▬▬▬●●
J ●▬▬▬	W ●▬▬	9 ▬▬▬▬●
K ▬●▬	X ▬●●▬	
L ●▬●●	Y ▬●▬▬	
M ▬▬	Z ▬▬●●	

Das Morsealphabet

Im Galopp von Ost nach West und zurück
1860 kam William Hepburn Russell auf eine grandiose Idee für eine schnellere Postbeförderung: den Pony-Express. Die Strecke verlief von St. Joseph/Missouri nach Sacramento/Kalifornien etwa 3000 Kilometer quer durch den Kontinent! Alle 80 Kilometer wurden Pferd und Reiter ausgewechselt. Nur noch zehn Tage brauchte ein Brief nun von Ost nach West! Die Arbeit war gefährlich, doch obwohl der Ritt auch durch feindliches Indianergebiet ging, durften die Reiter keine Waffen tragen.

Planwagentrecks und schnelle Reiter

Die Südstaaten hatten den Krieg verloren und lagen wirtschaftlich und gesellschaftlich am Boden. Ihnen blieb nichts anderes übrig, als wieder in die Union zurückzukehren. Der Bürgerkrieg war vorbei und die Menschen in den Vereinigten Staaten von Amerika hatten ein neues Thema: den Westen!

Präsident Thomas Jefferson hatte 1804 die Offiziere Meriwether Lewis und William Clark beauftragt, das Gebiet westlich der Siedlungsgrenze, die zu dieser Zeit entlang des Mississippi verlief, bis zum Pazifik zu erkunden. Sie sollten nach einem schiffbaren Wasserweg von Ost nach West suchen. Diesen fanden Lewis und Clark nicht, doch ihre Berichte weckten die Neugier vieler Siedler und Unternehmer auf neues Land. Unzählige Planwagentrecks machten sich nun auf den Weg Richtung Pazifikküste. Das Land zwischen den späteren US-Staaten Arizona, Utah und Idaho und dem Mississippi – die Great Plains – blieb allerdings aufgrund des weniger fruchtbaren Bodens und häufiger Dürrezeiten unbesiedelt. Die Amerikaner nannten dieses Gebiet Frontier (Grenzland). Hier lebten Indianerstämme wie die Pawnee und die Comanche.

Die Eisenbahn

Transportunternehmen wie die Wells Fargo Company machten ab 1852 mit ihren Postkutschen Handel und Reisen zwischen Ost- und Westküste möglich. Doch der Weg war mühsam und gefährlich. Das änderte sich ab dem Jahr 1869. Präsident Abraham Lincoln hatte sieben Jahre zuvor einen Wettbewerb für den Bau einer Eisenbahnverbindung vom Atlantik bis zum Pazifik ausgeschrieben. Die Central Pacific Railroad Company erhielt den Auftrag, Schienen von West nach Ost zu verlegen, und die Union Pacific Railroad Company begann mit dem Streckenausbau von Ost nach West. Beide Schienenstrecken sollten sich in der Mitte des Landes treffen. Jede Gesellschaft durfte das Land links und rechts ihrer Strecke in Besitz nehmen und an Siedler weiterverkaufen. Natürlich waren beide Unternehmen darauf aus, möglichst viel Land zu bekommen, und trieben den Bau ihrer Eisenbahnlinie mit allen Mitteln und ohne Rücksicht auf ihre Arbeiter oder die Indianerstämme, deren Gebiete sie durchquerten, voran.

Die Eisenbahn veränderte das Land in dramatischer Weise. Bereits ihr Bau hatte der Eisen- und Stahlindustrie sowie dem Kohlebergbau großen Aufschwung gebracht. Der Handel blühte durch die schnellere Beförderung und günstigeren Frachtkosten. Regierung, Banken und Eisenbahngesellschaften lockten immer mehr neue Siedler aus Europa an, indem sie ihnen Land an der Frontier versprachen. Vor allem kleinere Farmer ließen sich dort nieder und trotzten dem kargen Land mithilfe von Pumpwerken und Bewässerungsanlagen ihre Ernte ab. Das ging natürlich auf Kosten der hier lebenden Indianerstämme.

Durch den Bau der Eisenbahn erschloss sich für die Siedler aus Europa in kürzester Zeit neues Land im Westen der USA, das mit dem Planwagen bis dahin fast unerreichbar schien. Viele neue Arbeitsplätze entstanden und ein wirtschaftlicher Aufschwung begann.

Die Telegrafie 1833 übermittelten die deutschen Forscher Wilhelm Weber (1804–1891) und Carl Friedrich Gauß (1777–1855) die erste Nachricht über einen Telegrafen. Ihren Durchbruch erlebte die elektronische Nachrichtenübermittlung mit dem Schreibtelegrafen des Amerikaners Samuel Morse (1791–1872) und dem Morsealphabet. 1850 verband ein Seekabel England und Frankreich, ab 1866 auch Europa und Amerika.

Thomas Alva Edison

In den USA zogen sich bald unzählige Telegrafenmasten entlang der Schienen durch das Land. In den Bahnhöfen saßen Telegrafisten, die die Signale entschlüsselten oder weiter übermittelten. Der amerikanische Erfinder Thomas Alva Edison (1847–1931), der anfangs auch als Telegrafist arbeitete, wurde mit Franklin Leonard Pope (1840–1895) durch den Drucktelegrafen, mit dem Telegramme nun auch ausgedruckt werden konnten, zu einem der wichtigsten Vorreiter der Nachrichtenübermittlung.

Die Eisenbahn brachte Fortschritt, aber auch Zerstörung mit sich. Tausende von Bisons wurden von Passagieren aus reiner Freude an der Jagd während der Fahrt vom Zug aus erschossen.

Der Pony-Express ging trotz seiner kurzen Dauer von nur etwas mehr als einem Jahr in die Geschichte ein und ist u. a. in dem Lucky Luke-Comic *Der Pony-Express* (Band 56) verewigt.

Revolverhelden und Cowboys

Wild West Shows   William Frederick Cody (1846–1917), der seinen Namen »Buffalo Bill« in seiner Zeit als erfolgreicher Büffeljäger erhielt, gründete 1883 eine Wild West Show, in der er das Leben im Wilden Westen nachspielen ließ – wenn auch nicht gerade wirklichkeitsgetreu. Doch »Buffalo Bill's Wild West Show« mit ihren Pferden, Büffeln, Cowboys und Indianern wurde berühmt.

Kinofilme und Fernsehserien wie *Bonanza* führten die Verherrlichung des Wilden Westens fort. In Amerika, aber auch in Europa lassen heute Rodeo-Shows ihre Besucher für kurze Zeit in die Welt der Cowboys eintauchen.

Mythos Wilder Westen

Angstvolle Stille liegt über der Westernstadt. Die Luft flimmert vor Hitze und eine Windböe wirbelt Staub auf. Zwei Männer in langen Mänteln stehen sich regungslos gegenüber, die Hände links und rechts am Revolvergürtel. Plötzlich ziehen beide ihre Waffen, zwei Schüsse zerreißen die Stille – einer der Männer sinkt getroffen in den Staub. Lauter Jubel ertönt von den Bewohnern, die sich in ihren Häusern versteckt hatten. Ihr Sheriff hat den amerikanischen Westen von einem der vielen Gesetzlosen erlöst.

Der erste Goldfund in Kalifornien im Jahr 1849 hatte viele Menschen unterschiedlichster Herkunft in den Westen gelockt. Nicht alle fanden ehrliche Arbeit oder waren gar daran interessiert. Schnelles Geld konnte man sich auch mit Kartenspiel, Viehdiebstahl oder einem Überfall auf eine Postkutsche verdienen. Das Land war dünn besiedelt und bot genügend Möglichkeiten für ein Leben als *Outlaw*. Viele dieser Revolverhelden, die sich nicht an das Gesetz hielten, wurden bereits zu Lebzeiten zur Legende: Jesse James, Billy the Kid oder Butch Cassidy. Auch Frauen wie Calamity Jane, die sich wie ein Mann kleidete und als Goldgräberin und Postkutschenfahrerin arbeitete, oder die Banditenbraut Belle Starr waren darunter.

Gesetz und Ordnung   Das Recht, eine Waffe zu tragen, wird jedem Bürger der Vereinigten Staaten durch die Verfassung garantiert – auch heute noch! Diese Tatsache machte es bereits in der frühen Zeit des Wilden Westens

Sheriffstern

notwendig, stärker für Recht und Ordnung zu sorgen. Bürgerwehren bildeten sich und Sheriffs wurden gewählt. Sie erhielten Unterstützung von Marshals und Friedensrichtern. Auf den Bankräuber Jesse James und seine Bande setzte die US-Regierung allerdings keine Gesetzesvertreter, sondern die Pinkerton-Detektive an. Sie jagten das Haus seiner Familie in die Luft, erwischten Jesse aber nicht. In den 1820er-Jahren gründeten sich die Texas Rangers, um die Siedler in ihrem Land zu beschützen. Sie verteidigten die Grenzen des Bundeslandes, kämpften gegen die Indianer, verfolgten Banditen und holten gestohlenes Vieh wieder zurück.

Die Cowboys Was wäre der Wilde Westen ohne seine Cowboys? Dabei war das Leben dieser »Kuhjungs« keineswegs so glorreich wie gerne dargestellt. Die Männer saßen bei Wind und Wetter den ganzen Tag im Sattel und trieben riesige Herden von widerspenstigen Rindern Hunderte von Kilometer weit zu den Verladebahnhöfen. Ihr Lohn war mager und reichte nach getaner Arbeit gerade für ein wenig Vergnügen in den Saloons.

Die Spanier hatten im weitläufigen Texas als Erste angefangen, Rinder zu züchten. Ihre Cowboys waren Indianer und mexikanische Hirten *(vaqueros)*. Dann übernahmen Männer wie der Rinderbaron John Chisum (1824–1884), der zu den wenigen Arbeitgebern von Billy the Kid gehörte, das Land. Riesige Farmen entstanden, zunächst durch natürliche Grenzen wie Flüsse voneinander getrennt. Später kamen die Zäune – und mit ihnen endete die Zeit des Wilden Westens.

Die Banditen im Wilden Westen suchten oft genug auch grundlos Streit und forderten mitunter sogar den Sheriff persönlich heraus.

Die Daltons Die Dalton-Bande bestand aus den Brüdern Bob, Grat und Emmett Dalton, Dick Broadwell und Bill Power. Sie überfielen am 5. Oktober 1892 zwei Banken in Coffeyville in Kansas. Doch die Bewohner erwiesen sich als außergewöhnlich mutig und versuchten, ihr Geld zu retten. Von der Dalton-Bande überlebte nur Emmett, der 14 Jahre Gefängnis erhielt. Nach seiner Freilassung spielte Emmett in den frühen Wild-West-Filmen mit und arbeitete in Hollywood als Berater für Western! Unsterblich wurde die Dalton-Bande durch die Comic-Serie *Lucky Luke*.

Die toten »Daltons«

Heute noch finden sich in Texas riesige Ranches mit Tausenden von Rindern, und die Cowboys treiben das Vieh nach wie vor meist zu Pferd zu den Weiden.

Jesse Woodson James

Lebensdaten 1847–1882

Herkunft Missouri/USA

Familie Mutter Elisabeth Cole, Vater Robert James, 2 Brüder, 1 Schwester

Besonderheiten Mitglied der James-Younger-Bande, Bandit und Westernheld

Der amerikanische Traum

Vom Goldrausch zur Depression

Nach einer Razzia wird der entdeckte Alkohol in den Gulli gegossen.

Amerika gilt als ein Land, in dem jeder zu Wohlstand kommen kann, ohne dass seine Herkunft eine Rolle spielt: »Vom Tellerwäscher zum Millionär« – und tatsächlich haben viele Amerikaner genau das geschafft.

Noch nie geahnten Reichtum glaubten die Menschen in erreichbarer Nähe, als Mitte des 19. Jahrhunderts in Kalifornien Gold gefunden wurde. Ein regelrechter Goldrausch löste einen Ansturm nach Westen aus, und Spekulanten machten mit dem Verkauf von Land viel Geld. Aber die Minen waren schnell ausgeschöpft, die Goldsucher zogen weiter und zurück blieben viele Geisterstädte.

1894 versetzte ein ähnlicher Fund die USA in Aufruhr: Öl – das »schwarze Gold«! Geschickte Geschäftsleute gründeten Firmen, die zu großen Unternehmen wuchsen und andere kleine Firmen verdrängten. John D. Rockefeller (1839–1937) arbeitete sich vom Hilfsbuchhalter zum Ölmilliardär hoch und gründete ein riesiges Firmenimperium *(Trust)*. Sein Name steht bis heute für unermesslichen Reichtum. Er war einer der sogenannten *Selfmademen* – die neuen Helden Amerikas –, die nach dem Motto: »Hilf dir selbst, dann hilft dir Gott!« (God helps those who help themselves) ihr Glück gemacht hatten.

Die amerikanische Gesellschaft spaltete sich: Auf der einen Seite standen die Superreichen, für die keine Gesetze galten, und auf der anderen Seite fanden sich diejenigen wieder, die ihre Firmen oder Farmen und damit

Bohrtürme an einer Ölquelle in Texas 1902:
Wer das »schwarze Gold« auf seinem Land fand,
wurde über Nacht zum Millionär.

Ein Börsianer nach dem Zusammenbruch
der Börse an der Wall Street.

ihre Arbeit und ihr Zuhause verloren hatten, sowie die zahllosen Arbeiter, die ausgebeutet wurden und denen keine Regierung half. Es galt das Gesetz, dem sich auch die ersten Siedler hatten beugen müssen: »Der Stärkere überlebt.« Gewerkschaften wurden gegründet und Streiks fanden statt. Doch sie waren schlecht organisiert und endeten oft sogar mit Toten. Erst mit dem Amtsantritt Präsident Theodore Roosevelts im Jahr 1901 änderte sich die Situation. Roosevelt setzte sich für bessere Arbeitsbedingungen und die Abschaffung der Kinderarbeit ein.

> »Die meisten meiner Ideen gehörten ursprünglich anderen Leuten, die sich nicht die Mühe machten, sie weiterzuentwickeln.«
> **Thomas Alva Edison**

Blütezeit und Krise Anfang des 20. Jahrhunderts kam bereits ein Drittel der industriellen Weltproduktion aus den USA. Im Ersten Weltkrieg (1914–1918) unterstützte Amerika die Gegner Deutschlands zunächst nur mit Geld, Kanonen und Munition. Als jedoch ein Bündnis zwischen Deutschland, Mexiko und Japan drohte, griff es auch militärisch ein. Die USA gehörten zu den Gewinnern des Krieges. Die Wirtschaft blühte und den amerikanischen Bürgern ging es gut. Neben der Arbeit wurde den Menschen das Freizeitvergnügen immer wichtiger. Man ging ins Kino und hörte Musik wie Jazz und Swing. Es war die Zeit der »Wilden Zwanziger«.

Doch am 25. Oktober 1929, dem *Black Friday,* war plötzlich alles vorbei. Die Börse in Manhattans Wall Street brach zusammen, die Auswirkungen waren bis nach Europa zu spüren. Was war passiert? Die Fabriken hatten mehr produziert, als die Menschen brauchten. Anleger hatten sich viel Geld geliehen, um Wertpapiere zu kaufen, die oft zu teuer waren. Als sie die Gefahr einer Wirtschaftskrise erkannten, verkauften sie ihre Wertpapiere schnell, wodurch deren Wert drastisch fiel. Viele Firmen mussten schließen, zahllose Menschen wurden arbeits- und obdachlos. Es folgte die Zeit der *Great Depression* (Große Depression).

Amerikanische Erfindungen In den USA wurden viele Dinge erfunden, die heute fest zu unserem Alltag gehören und auf die wir nicht mehr verzichten können oder wollen:
1869 Kaugummi (Thomas Adams)
1876 Telefon (Alexander Graham Bell)
1879 Glühlampe (Thomas Alva Edison)
1893 Vorführgerät für Filme (Thomas Alva Edison)
1896 selbst angetriebenes Fahrzeug (Henry Ford)
1901 elektrische Waschmaschine (Alva J. Fischer)
1908 Ford Modell T (Henry Ford)

Die Kinder in dieser Spinnerei müssen auf die Maschine klettern, um die Spulen auszutauschen.

Andrew Carnegie

Lebensdaten 1835–1919

Herkunft Dunfermline/Schottland

Familie Margaret Morrison und William T. Carnegie (Weber)

Besonderheiten
Begann sein Arbeitsleben mit 13 Jahren als Spuler in einer Baumwollspinnerei; wurde als Stahl-Tycoon einer der reichsten Männer Amerikas

Der Weg zur Weltmacht

Die Amerikaner kommen! Am 6. Juni 1944 landeten 200 000 US-Soldaten mit britischen Verbündeten an der Küste der Normandie in Frankreich und drängten die deutschen Truppen, die den Norden des Landes besetzt hatten, zurück. Eine Million amerikanischer Soldaten folgte. Dieser Tag, der als *D-Day* in die Geschichte einging, bildete einen Wendepunkt im Zweiten Weltkrieg. Von nun an stand Deutschland auf der Verliererseite. »D-Day« ist ein Codewort für den Beginn einer militärischen Operation und kann zum Beispiel für *Decision Day* (Tag der Entscheidung) stehen.

Die Atombomben Japan führte seinen Krieg im Pazifik nach dem Angriff auf Pearl Harbor fort, und die USA mussten auch hier Verluste beklagen. In der Zwischenzeit hatte die US-Regierung die Entwicklung einer Atombombe in Auftrag gegeben und Tests waren angelaufen. Nun gab der amerikanische Präsident Harry S. Truman den schrecklichen Befehl, sie gegen Japan einzusetzen. Hunderttausende Menschen starben in den bombardierten Städten Hiroshima und Nagasaki. Am 2. September 1945 gab Japan auf und der Zweite Weltkrieg war beendet.

Eine beispiellose Hilfsaktion: Durch die Berliner Luftbrücke wurden zwei Millionen Menschen aus der Luft versorgt.

Die USA als »Weltpolizei«

Nach der Großen Depression sagte Präsident Franklin D. Roosevelt der Armut den Kampf an und sorgte zunächst mit dem Ausbau des Straßennetzes für neue Arbeitsplätze. Ab 1936 förderte er die Kriegsproduktion, denn in Europa spitzte sich seit der Machtergreifung der Nationalsozialisten unter Adolf Hitler die Lage zu. Die USA wollten diesmal neutral bleiben, doch die Judenverfolgungen und der Einmarsch Hitlers in Prag 1938 ließen das nicht zu. In Asien machte zudem Japan mobil und marschierte nach China ein, das von den USA unterstützt wurde. Daraufhin verhängte Amerika über Japan ein Handelsverbot, doch der Gegner gab nicht nach, sondern griff an. Am 7. Dezember 1941 bombardierten japanische Flugzeuge den US-Marinestützpunkt Pearl Harbor auf Hawaii. Die US-Regierung erklärte Japan den Krieg. Kurz darauf folgte die Kriegserklärung Deutschlands und Italiens an die USA.

Die Alliierten Die US-Truppen kämpften mit ihren Verbündeten Großbritannien, Frankreich und der damaligen Sowjetunion gegen deutsche Truppen in Italien, Frankreich und sogar in Afrika. Am 8. Mai 1945 gab sich Deutschland endlich geschlagen. Die Siegermächte machten sich an die Neuordnung der Machtverhältnisse in Europa, gerieten darüber aber in Streit. Aus Protest

GR.WT. 29
CA
U.S.

gegen eine Währungsreform – die fast wertlose Reichsmark wurde durch die Deutsche Mark ersetzt – folgte im Juni 1948 die Blockade Berlins durch die Sowjetunion. Mit unglaublicher Anstrengung versorgte die US-Armee die Berliner elf Monate lang mit Lebensmitteln über eine »Luftbrücke«. Die USA waren daraufhin nicht nur eine politische und militärische Supermacht, sondern auch eine moralische.

Dennoch konnten sie die Teilung Deutschlands nicht verhindern. Zwei neue Staaten entstanden: die Bundesrepublik Deutschland und die Deutsche Demokratische Republik (DDR). Da viele Menschen aus der DDR flüchteten, baute deren Regierung 1961 die Berliner Mauer und errichtete eine tödliche Grenze

»Ich bin ein Berliner!«
Präsident John F. Kennedy
1963 in Berlin

um ihr Land. Es kam die Zeit des »Kalten Krieges«. Die USA und die Sowjetunion lieferten sich einen gnadenlosen Wettkampf auf allen Gebieten. Erstere sahen sich von nun an als »Weltpolizei«, die jedem Volk auf der Erde helfen musste, seine Freiheit und Selbstständigkeit zu bewahren, und führten sehr umstrittene Kriege wie in Korea, Vietnam oder Afghanistan, um eine Ausbreitung des sowjetischen Machtbereichs (und damit eine Verringerung ihres eigenen) zu verhindern bzw. allein um eigene Interessen durchzusetzen. Erst mit dem Amtsantritt des sowjetischen Generalsekretärs Michail Gorbatschow (*1931) gelang eine Annäherung. Das Unglaubliche geschah: Die Berliner Mauer fiel am 9. November 1989, ein Jahr später feierte Deutschland seine Wiedervereinigung. Der Kalte Krieg war beendet.

Am 11. September 2001 flog eine von Terroristen gesteuerte Maschine der American Airlines in den Nordturm des World Trade Centers in New York. 20 Minuten später zerstörte eine zweite den Südturm. Ein drittes Flugzeug stürzte über dem Pentagon, dem Sitz des US-Verteidigungsministeriums, ab und ein weiteres bei Pittsburgh. Die USA bekämpfen seitdem einen neuen Feind: den Terrorismus.

John Fitzgerald Kennedy
Lebensdaten 1917–1963
Herkunft Brookline/ Massachusetts
Familie Rose Fitzgerald und Joseph P. Kennedy
Besonderheiten Rettete als Marineoffizier, obwohl selbst verwundet, einen Kameraden vor dem Ertrinken; 35. Präsident der Vereinigten Staaten von Amerika; wurde am 22. 11. 1963 in Dallas/Texas auf offener Straße erschossen

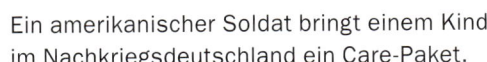

Ein amerikanischer Soldat bringt einem Kind im Nachkriegsdeutschland ein Care-Paket.

Das Land der Superlative

Das Empire State Building war mit seinen 381 Metern bis 1972 das höchste Gebäude der Welt. Die Bauzeit betrug nur ein Jahr und 45 Tage. Seit den Anschlägen vom 11. September 2001 ist es wieder das höchste Gebäude in New York.

Riesige Einkaufszentren

Die amerikanischen *Shopping Mall*s beherbergen nicht wie bei uns in Deutschland nur einige Geschäfte, eventuell ein Kino und vielleicht noch das eine oder andere Café und Restaurant – mehrere Hundert Geschäfte, zahlreiche Restaurants, Kinos, Museen und Diskotheken sind in solchen Malls untergebracht! Die Mall of America in Bloomington/Minnesota ist das meistbesuchte Einkaufszentrum der Welt und mit seinen etwa 390 000 Quadratmetern Gesamtfläche das größte in den USA.

Immer höher!

Die Amerikaner lieben die Herausforderung und sehen sich gerne an der Spitze. Dafür sind sie bereit, jegliche Anstrengung zu leisten. Beim Errichten der Wolkenkratzer schafften die Amerikaner gleich drei Superlative auf einmal: Sie waren die Ersten, die in kürzester Zeit die weltweit höchsten Gebäude bauten.

Die Idee, Wolkenkratzer zu errichten, kam den Amerikanern nach dem Brand von Chicago 1871. Die Architekten setzten von nun an auf Bauten aus nicht brennbaren Materialien wie Stein und Stahl. Da in den Städten mittlerweile mehr Menschen lebten als auf dem Land, bauten sie in die Höhe, um Platz zu sparen. Auch New York sah darin eine große Chance für seinen dicht besiedelten Stadtteil Manhattan. Ein Wolkenkratzer nach dem anderen wuchs dort empor. 1931 wurde das Empire State Building eingeweiht, eines der Wahrzeichen der Vereinigten Staaten von Amerika.

Größer ... Das Auto wurde in Amerika wie in Europa zu einem Statussymbol. Auch hier legen die Amerikaner Wert auf Größe! Im Unterschied zu deutschen Autobesitzern ist ihnen die Schnelligkeit nicht so wichtig: Auf den US-Autobahnen *(interstate highways)* darf man höchstens 80 Meilen/Stunde (etwa 129 km/h) fahren. Gewaltige Jeeps, Cadillacs und Pickups kamen auf den Markt und erlangten ebenso Kultstatus wie die Stretchlimousine, die zunächst als elegantes Beförderungsmittel für Bands gebaut wurde und dann als Luxusauto für Superreiche und Staatsoberhäupter diente.

... schneller und weiter! Im Jahr 1903 feierten die Brüder Orville (1871–1984) und Wilbur (1867–1912) Wright aus Melville, Indiana, ihren ersten Flug mit einem motorisierten Flugzeug. 1927 flog Charles August Lindbergh (1902–1974) als erster Mensch über den Atlantik. Für die Strecke von New York nach Paris brauchte er 33,5 Stunden. Doch es blieb nicht bei Flugzeugen. Rasch wandte sich die Menschheit dem Weltraum und der Raketentechnik zu. Neben den USA hatte noch eine weitere Nation Geschmack am Wettkampf gefunden: die damalige Sowjetunion. Sie brachte am 4. Oktober 1957 den ersten Satelliten *(Sputnik 1)* in die Erdumlaufbahn und versetzte der ehrgeizigen amerikanischen Nation damit einen schweren Schlag. Kein Jahr später wurde die NASA *(National Aeronautics and Space Administration)* gegründet und schoss ebenfalls Satelliten in den Weltraum. Der Bau von Weltraumraketen begann. Als am 20. Juli 1969 der amerikanische Astronaut Neil Armstrong seinen Fuß auf den Mond setzte, hatten die USA es wieder einmal geschafft, Maßstäbe zu setzen.

> »Das ist ein kleiner Schritt für einen Menschen, ein riesiger Sprung für die Menschheit!«
> **Neil Armstrong**

Buzz Aldrin flog 1969 mit seinem Astronauten-Kollegen Neil Armstrong zu einer wichtigen amerikanischen Mission in den Weltraum. Am 21. Juli betrat er kurz nach Armstrong als zweiter Mann den Mond.

Modernste Technik Die USA haben auch hinsichtlich der weltweiten technischen Entwicklung stets den Ehrgeiz, vorne dabei zu sein. In einem Bereich ist es ihnen gelungen: der Computer-Technik. In den 1970er-Jahren konnte sich noch kaum jemand vorstellen, dass es einmal in jedem Haushalt einen Computer geben könnte. Steve Wozniak gehörte nicht dazu. Er entwickelte 1976 in einer Garage den ersten PC und war Mitbegründer der Firma Apple, die heute noch einer der Vorreiter auf dem Gebiet moderner Informationstechnologie (IT) ist. Die großen amerikanischen IT-Firmen sind im berühmten Silicon Valley bei San Francisco angesiedelt.

William »Bill« Henry Gates III.

Lebensdaten geb. 1955

Herkunft Seattle/Washington

Familie Mary Maxwell und William H. Gates II., zwei Schwestern

Besonderheiten Beschäftigte sich schon als Schüler mit Computern und dem Programmieren; gründete die Firma Microsoft Corporation; spendet viel Geld für Gesundheitsprojekte in der Dritten Welt; ist einer der reichsten Menschen der Welt

Die Fotos von Arbeitern beim Bau des Empire State Building in unfassbarer Höhe auf Gerüsten gingen um die Welt. Es waren vor allem die schwindelfreien Mohawk-Indianer, die dort oben als Nieter arbeiteten und denen die allgemeine Bewunderung galt.

Die *Route 66* war der erste *Highway* von der Westküste in den Norden der USA. Sie steht symbolisch für Freiheit und Unabhängigkeit.

Die USA heute

Amerikas Vielfalt setzt sich in seinen Landschaften fort. Es gibt wohl kaum ein Land auf der Erde, das so viele Einzigartigkeiten aufweisen kann wie die USA. Viele grandiose Naturweltwunder finden wir hier. Die Besucher von heute staunen über die Schönheit der Natur ebenso wie die damaligen Siedler, die von Osten nach Westen oder von Norden nach Süden zogen, um eine neue Heimat zu finden. Riesige Gebirgsketten erstrecken sich entlang der Ost- und Westküste, in denen noch viele Raubtiere ein Zuhause finden. Große Seen und lange Ströme dienen als Transportwege. Die scheinbar unendliche Weite der *Great Plains* im Mittleren Westen ist ebenso beeindruckend wie die Wüstengebiete im Südwesten. Die unglaublichen Felsformationen sind in Jahrmillionen durch den Wettereinfluss oder durch Erdverschiebungen entstanden und erinnern an Burgen, erhobene Finger oder gigantische Torbögen. Die Schluchten im Westen Amerikas sind Filmkulissen vieler Western wie *Spiel mir das Lied vom Tod* und ein beliebtes Motiv in der Werbung.

Wesentlich jünger an Jahren, aber nicht weniger faszinierend und ebenso unterschiedlich sind die amerikanischen Großstädte. Dazu gehört Chicago, ehemals Hochburg der Mafia und der Schlachthöfe. Nicht weit davon liegt die Autostadt Detroit. Die meisten Großstädte der USA, darunter auch die Weltstadt New York, befinden sich an der Ostküste. Hier pulsiert das Wirtschaftsleben Amerikas. Die Städte des Südens hingegen, wie New Orleans und Miami, lassen Urlaubsstimmung und Lebensfreude aufkommen – trotz der dort hohen Kriminalitätsrate. An der Westküste der USA finden wir nur wenige große Städte, doch dafür so berühmte und faszinierende wie San Francisco, Los Angeles und Las Vegas.

Faszinierende Landschaften

Die neuen Bewohner Nordamerikas staunten über die Vielfalt seiner Landschaften, aber sie waren in erster Linie gekommen, um das Land zu nutzen und auszubeuten: durch Landwirtschaft, Bergbau, Ölgewinnung und Eisenbahnstrecken. Glücklicherweise erhoben sich schon früh Stimmen, die vor den damit verbundenen Umweltzerstörungen warnten. Das führte 1872 zur Gründung des ersten Nationalparks – des berühmten Yellowstone-Nationalparks. Viele weitere solcher Parks folgten, allerdings dienten sie touristischen Zwecken. Erst 1947 wurde eine Region zum Nationalpark ernannt, um sie tatsächlich vor der Zerstörung zu bewahren: die Everglades. Alaskas Natur und Teile Hawaiis sind heute ebenfalls durch Nationalparks geschützt.

Mit großem Getöse stürzen die gewaltigen Wassermassen die Niagarafälle hinunter.

Der Appalachen Trail ist mit seinen 3440 km einer der längsten Wanderwege weltweit.

Die Everglades sind ein Paradies für die Vogelwelt und locken damit viele Besucher an.

Rundreise durch die USA

Der Norden Wir beginnen unsere Reise im Nordosten der USA, wo wir an der amerikanisch-kanadischen Grenze eine der größten Binnenwasserflächen der Welt finden: die fünf Großen Seen *(Great Lakes)*. Hier machten früher Pelztierjäger Jagd auf Nerze, Wölfe und Elche. Im immer noch dünn besiedelten Norden der Seen kann sich der Besucher heute noch gut in das damalige raue Leben der Trapper hineinversetzen. Im Süden des Seengebietes gibt es mittlerweile viel Industrie. Hier liegen große Städte wie Detroit und Chicago.

Auf der amerikanisch-kanadischen Grenze befinden sich auch die Niagarafälle, eines unserer Naturweltwunder. Von den Wasserfällen, die auf der kanadischen Seite *Horseshoe Falls* und auf der amerikanischen *American Falls* heißen, stürzen jede Sekunde 30 Millionen Liter Wasser 60 Meter in die Tiefe!

Die Ostküste Entlang der Ostküste stoßen wir auf einen der imposanten amerikanischen Gebirgszüge, der sich bis weit in den Süden hinunterzieht: die Appalachen. Das Gebirge ist mit seinen 400 Millionen Jahren älter als der Atlantik! Westlich der Appalachen können wir ein weiteres Naturwunder besichtigen: eines der größten Höhlensysteme der Welt. Keiner weiß, wie weit sich die *Mammoth Cave* (Mammut-Höhle) wirklich unter der Erde ausdehnt – etwa 590 Kilometer sind bereits erschlossen. Höhlenbesucher erfahren hier, was echte Dunkelheit ist, und begegnen auf ihrer Wanderung vermutlich auch einer der vielen dort lebenden augen- und farblosen Höhlenasseln.

Der Süden   Wir machen uns auf gen Süden, in den *Sunshine State* (Sonnenstaat) Florida mit den meisten Sonnenstunden des Jahres. Neben wunderschönen Sandstränden treffen wir hier auf eine weitere einzigartige Landschaft: die Everglades. In der feuchten Jahreszeit (Mai bis Dezember) läuft dort das Wasser aus mehreren Seen in einem nur wenige Zentimeter tiefen, dafür aber etwa 150 Kilometer breiten Strom zusammen. Er verwandelt das von hartem Sägegras bedeckte Land in einen riesigen Sumpf. Hier leben Alligatoren, Krokodile, Hunderte von Seevögeln und der Florida-Puma.

Der Mittlere Westen   Wir reisen weiter entlang der Südküste gen Westen und stoßen in Texas auf einen Ausläufer der *Great Plains* (Große Ebenen). Dieses regenarme Präriegebiet zieht sich auf einer Breite von 500 Kilometern entlang der Rocky Mountains von Süden bis hoch in den Norden nach Kanada. Über die Ebenen der Great Plains streiften einst riesige Bisonherden. Heute weiden dort Tausende Rinder und die Farmer bearbeiten riesige Felder. Das Gebiet ist die Kornkammer Amerikas und wird daher *breadbasket* (Brotkorb) genannt. Bis auf einsam gelegene Farmen und kleinere Städte trifft der Reisende dort über lange Strecken hinweg auf keinerlei Zivilisation.

»In den Vereinigten Staaten ist mehr Raum, wo niemand ist, als Raum, in dem Menschen sind. Das macht Amerika zu dem, was es ist.«
Gertrude Stein, amerikanische Schriftstellerin

Mammoth Cave

Im Mittleren Westen bearbeiten gewaltige Erntemaschinen riesige Felder.

Bevor die weißen Siedler das Land eroberten, zogen riesige Bisonherden über die weiten Ebenen. Heute leben sie zu wenigen Tausenden in den Nationalparks oder werden auf Ranches gezüchtet.

Mustang

Lebensdaten 16. Jahrhundert bis heute

Herkunft Europa, vorwiegend Spanien

Familie Hauspferd; hauptsächliche Ursprungsrassen: Araber, Berber, Andalusier

Besonderheiten Sind mit den Spaniern nach Amerika gekommen; dienten den Indianern erst als Nahrungsquelle, dann als Reittier; werden trotz Schutzgesetzen in den USA heute noch gejagt und als Schlachtvieh verkauft

Der Westen

Der Geysir *Old Faithful* schießt sein heißes Wasser bis zu 55 m in die Höhe.

Surfer auf Hawaii

Vor etwa 200 Jahren entstand eine neue Bucht im Golf von Alaska: die *Glacier Bay*. In kurzer Zeit schmolz hier plötzlich das Gletschereis und legte neues Land frei.

Zwischen Wüsten und Riesenwellen

Auch große Wüstengebiete finden wir in den USA. In Kalifornien liegen die Low Desert (ein Ausläufer der mexikanischen Sonorawüste), die Mojavewüste und das aus den Winnetou-Geschichten bekannte Death Valley (Tal des Todes). Bei Temperaturen von über 50 °C flimmert die Luft über dem ausgetrockneten Salzsee und den Sanddünen vor Hitze. Nach den Regenfällen im Frühjahr erwachen hier jedoch zum Erstaunen der Besucher viele verschiedene Pflanzen zum Leben.

Große Gebirge Entlang der amerikanischen Westküste ziehen sich hohe Gebirgsketten: die Coast Mountains, die Sierra Nevada, die Kaskadenkette und die Rocky Mountains. In den Rocky Mountains, dem »steinernen Dach Amerikas«, müssen Touristen vorsichtig sein. Hier sind Grizzlybären, Berglöwen und Luchse zu Hause, und auch Bisons und Wölfe haben sich wieder angesiedelt. In der rauen Bergwelt gibt es klare, kalte Gebirgsseen, aber auch heiße Quellen vulkanischen Ursprungs. Im Winter suchen dort viele Tiere Schutz vor der Kälte. Die heißen Wasserfontänen der Geysire können über 50 Meter hoch in die Luft schießen.

In der Low Desert wachsen die Saguaro-Kakteen, die bis zu 15 Meter hoch werden und an ihrer Spitze kleine weiße Blüten treiben.

Alaska Die Rocky Mountains ziehen sich von New Mexico im Süden bis nach Alaska im hohen Nordwesten. Der 49. Bundesstaat liegt abseits des restlichen US-amerikanischen Staatsgebietes zwischen Kanada und dem asiatischen Kontinent und weist ganz besondere Landschaften auf. Die USA kauften diesen »teuersten Kühlschrank der Welt« im Jahr 1867 von Russland. Hier finden sich neben Eiswüsten aktive Vulkane, karge Tundren und über 6000 Meter hohe Berge. An den Küsten Alaskas liegen zahlreiche Buchten und Fjorde, in denen sich Seelöwen oder auch mal ein Buckelwal tummeln. Das Klima dort ist kalt und rau. Auf den Berghöhen um den Mount McKinley (6195 m), dem Wahrzeichen des Staates, kann es im Winter minus 70 °C werden. Viele Gegenden sind nur mit dem Flugzeug oder Schiff zu erreichen.

Hawaii Ganz anders ist es auf Hawaii, wo die Temperaturen selten unter 20 °C fallen. Die 600 Kilometer lange Inselgruppe, die 3682 Kilometer vom amerikanischen Festland entfernt im Pazifik liegt, gehört ebenfalls zu den Vereinigten Staaten von Amerika. Sie ist durch vulkanische Tätigkeiten in der Tiefe des Pazifiks entstanden, und in den Bergen des vulkanischen Nationalparks auf Hawaii brodelt es immer noch kräftig. Üppiger Pflanzenwuchs und farbenprächtige Vögel machen die Insel zu einem beliebten Reiseziel. Von den 135 Inseln sind nur sieben bewohnt. Auf der Insel Lanai befand sich bis 1991 die größte Ananasplantage der Welt.

Der Grand Canyon Die Hochebenen entlang des Flusses Colorado durchziehen zahlreiche Schluchten mit zum Teil bizarren Felsformationen, die Wasser, Wind und Frost in Jahrmillionen zu Türmen, Bögen oder Kuppeln geformt haben. Die berühmteste Schlucht ist wohl der Grand Canyon nahe Las Vegas. Der Colorado fraß sich dort im Lauf der Zeit 2000 Meter in die Tiefe.

Die einzelnen Gesteinsschichten der 469 Kilometer langen Schlucht machen die Entstehung des Gebietes seit der Urzeit bis heute anschaulich. Trotz der kargen Landschaft sind hier viele Tier- und Pflanzenarten beheimatet.

Das Monument Valley Die Felsgebilde des *Monument Valley* erinnern an Finger, Burgen oder Torbögen. Sie sind durch Erdverschiebungen, Wind und Regen entstanden. Viele Western wurden in dieser atemberaubenden Kulisse gedreht. Die rote Farbe des Gesteins stammt vom darin enthaltenen Eisenoxid. Das Tal hat eine lange Geschichte: Hier wurden Überreste von Dinosauriern und anderen Urzeit-Tieren gefunden. Vor etwas mehr als 250 Jahren lebten und jagten in dem Gebiet die Navajo-Indianer, bis sie von US-Truppen besiegt und vertrieben wurden. Heute ist das Monument Valley ein Teil ihres Reservates.

Riesenmammutbaum
(General Grant Tree)

Lebensdaten über 3000 Jahre alt

Herkunft Kalifornien/USA

Familie Zypressengewächse

Besonderheiten Sein Stamm kann bis zu 13 m Durchmesser haben; die Rinde ist besonders dick und hält einen Waldbrand aus; Waldbrände sind wichtig für die Fortpflanzung des Baumes: Seine Zapfen öffnen sich erst nach einem Brand und verbreiten die Samen in der Asche.

Die großen Städte

Die typischen gelben Taxis in New York

In der *Magic City* Miami gibt es viele arme Menschen.

Big Apple und *Magic City*

Im Verhältnis zur Größe des Landes finden wir in den USA wenige Großstädte. Doch dafür gehören diese zu den schillerndsten und wirtschaftlich bedeutendsten in der Welt. An erster Stelle steht die heimliche Hauptstadt New York City. Sie ist die größte Stadt der USA mit dem wichtigsten Hafen an der Ostküste. In ihrem Zentrum, der Insel Manhattan, befinden sich die Wall Street mit der weltgrößten Börse und das berühmte Theaterviertel Broadway am Times Square. Wie schon vor über 200 Jahren Tausende von Einwanderern sehen hier heute Wirtschaftsleute, Anwälte und Künstler große Möglichkeiten für sich. In einer Hinsicht ist die teuerste Stadt der Welt Amerika-untypisch: Im Unterschied zu den meisten Amerikanern fahren die New Yorker mit Bus, Bahn oder einem der gelben Taxis und nicht mit dem eigenen Auto! Ebenso wichtig für Handel und Wirtschaft ist das weiter südlich gelegene Atlanta im Bundesstaat Georgia, in dem sich viele große Unternehmen wie Coca-Cola oder der Fernsehsender CNN angesiedelt haben.

Metropolen im Süden ... Miami in Florida hatte nur 300 Einwohner, als es 1896 zur Stadt erklärt wurde. Doch der Ort wurde vor allem durch das dort erlaubte Glücksspiel schnell bekannt. Miami ist heute eine der gefährlichsten und ärmsten Städte Amerikas, aber wegen seiner Strände immer noch ein magischer Anziehungspunkt für Touristen. Ebenso faszinierend wie gefährlich ist New Orleans in Louisiana. Im berühmten French Quarter (Französisches Viertel) hat man angesichts der alten Gebäude aus Kolonialzeiten das Gefühl, in die Vergangenheit zu reisen.

Wesentlich ruhiger geht es in Dallas und Saint Louis zu. Hier spielen Religion und Wirtschaft eine große Rolle. Dallas im Norden von Texas ist Sitz großer Ölgesellschaften und Firmen aus der Computerspielbranche. Saint Louis in Missouri galt lange Zeit als das Tor zum Westen. Viele Deutsche ließen sich hier nieder. Seitdem gibt es dort ein Oktoberfest und eine der größten Bierbrauereien der Welt!

... und im Westen Die Städte an der Westküste sind vom restlichen Amerika durch hohe Gebirge und Wüsten getrennt und entwickelten eine eigene Kultur. San Francisco und Los Angeles in Kalifornien sind wegen ihrer Weltoffenheit unter Künstlern, Aussteigern und Anhängern der unterschiedlichsten Religionen beliebt. San Francisco mit seinen steilen Straßen ist uns vor allem aus vielen Krimis bekannt. Los Angeles hat mittlerweile auch aufgrund seiner gefährlichen Straßenbanden und der Umweltverschmutzung durch den dichten Autoverkehr einen eher zweifelhaften Ruhm erlangt.

Von Los Angeles führt die berühmte *Route 66* – die erste Autobahn, die den Westen mit dem Nordosten verband – bis in die ehemalige Gangsterstadt Chicago in Illinois. Heute spielen Theater und Musik dort eine wichtige Rolle. Gleich daneben liegt die große Autostadt Detroit. Hier wurde das erste Ford-Modell gebaut, dem Millionen weiterer Autos folgten.

Phoenix und die Rentner Die Stadt in der Wüste Gila zeichnet sich durch interessante Gebäude berühmter Architekten wie Frank Lloyd Wright aus – und dadurch, dass hier an über 300 Tagen im Jahr die Sonne scheint! Eine weitere Besonderheit: Diese grüne Oase, die von Zitronen-, Baumwoll- und Gemüsefeldern umgeben ist, ist ein beliebtes Rentnerparadies, viele Menschen verbringen hier ihren Lebensabend. In der nahe gelegenen Stadt Sun City gibt es aus diesem Grund keine Kindergärten und Schulen!

Menschen in New Orleans feiern Fasching, hier »Mardi Gras season« genannt.

Liebevolle Spitznamen Fast jede amerikanische Stadt besitzt einen zweiten Namen, der etwas über eine ihrer Besonderheiten aussagt. Da Miami nach einem Bauboom plötzlich eine Skyline besaß und sich wie durch Zauberhand verändert hatte, erhielt es den Namen *Magic City* (magische Stadt). Detroits zweiter Name ist natürlich *Motor City* (Motorstadt). Chicago heißt *Windy City* – entweder wegen der starken Winde, die dort oft herrschen, oder wegen der »windigen« Geschäfte der Gangsterbosse! Woher New Yorks Spitzname *Big Apple* kommt, weiß allerdings niemand so genau.

Las Vegas in Nevada wurde als Stadt des Glücksspiels und der großen Shows berühmt. Auch zum Heiraten ist die Stadt beliebt: Das geht in der Rekordzeit von fünf Minuten!

Eine berühmte Persönlichkeit wohnt bereits seit über 120 Jahren in New York City: »Lady Liberty«. Die Freiheitsstatue kam als Geschenk Frankreichs zum 100-jährigen Jubiläum der Unabhängigkeitserklärung über das Meer. Sie steht auf einer Insel im New Yorker Hafen und begrüßt jeden Ankömmling.

Am *Independence Day* feiern die Amerikaner im ganzen Land mit großen Paraden ihre Nation und ihre Unabhängigkeit.

Die amerikanische Gesellschaft

Wer oder was ist eigentlich ein »Amerikaner«? Diese Frage ist nicht so einfach zu beantworten. Seine Wurzeln können in Europa, Asien, Afrika oder in Amerika selbst liegen oder sogar in mehreren Kontinenten gleichzeitig. In Amerika haben sich Menschen vieler Nationen zu einem Volk zusammengefunden. Sie haben dabei vielfach ihre alten Traditionen bewahrt, aber auch neue »amerikanische« entwickelt. Das Gleiche gilt für ihren Glauben. In den USA leben manche Menschen noch heute nach denselben Grundsätzen wie ihre Vorfahren im 17. Jahrhundert, aber es haben sich auch neue große Kirchen gebildet. Allerdings bedurfte es erst heftiger Proteste und eines lange geführten Kampfes von Bürgerrechtsorganisationen, bis die vielen verschiedenen Gruppen – Schwarzafrikaner und Latinos, Asiaten und Europäer – in der Gesellschaft die gleichen Rechte hatten. Und auch die Frauen mussten sich Gleichberechtigung und gesellschaftliche Anerkennung erst erstreiten.

Diese große Vielfalt hinsichtlich Herkunft und Kultur ergibt ein lebendiges Ganzes. So ist im Lauf der Jahre eine großartige amerikanische Literatur und Musik entstanden, die weltweiten Einfluss ausübt. Dasselbe gilt für den Film: Wer großes Kino machen will, muss nach Hollywood!

Doch was hält die Amerikaner bei all diesen Unterschieden zusammen? Nicht zuletzt ist es der Sport, der sie verbindet: Auf Baseballstars wie Babe Ruth oder Basketballteams wie die Los Angeles Lakers ist das ganze Land stolz. Und welchen Stolz die US-Bürger für ihre Nation empfinden, in der sie sich alle als Amerikaner sehen, das zeigen sie jedes Jahr auf den vielen Festen zum Tag der Unabhängigkeitserklärung.

Das politische System

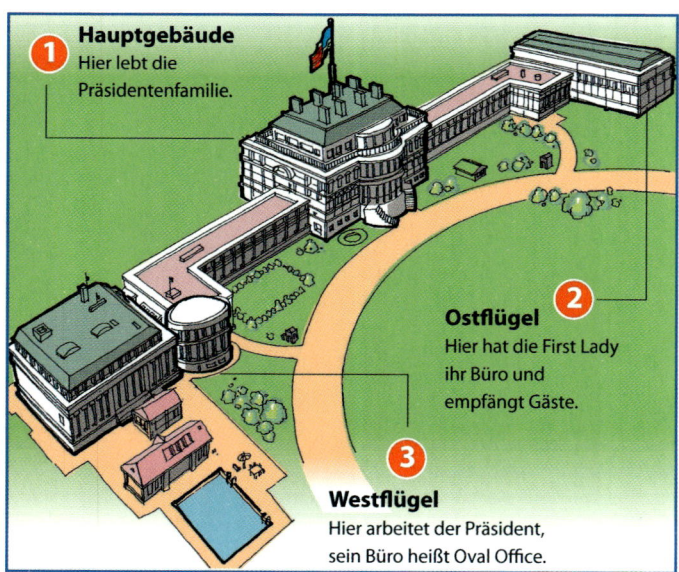

Hauptgebäude 1
Hier lebt die Präsidentenfamilie.

Ostflügel 2
Hier hat die First Lady ihr Büro und empfängt Gäste.

Westflügel 3
Hier arbeitet der Präsident, sein Büro heißt Oval Office.

Ein Aufriss des Weißen Hauses, des Wohn- und Arbeitssitzes des Präsidenten der Vereinigten Staaten von Amerika

Wer regiert die USA?

Natürlich braucht es dort, wo so viele Menschen unterschiedlichster Herkunft zusammenleben, Spielregeln, die das Zusammenleben einfacher machen. Wie in jedem Land auf der Welt gibt es auch hier ein politisches System, das für das Funktionieren des Staates sorgen soll.

Im Großen ... Staatsoberhaupt und Regierungschef der Vereinigten Staaten von Amerika ist der **Präsident.** Er ist gleichzeitig oberster Heerführer und vereint damit Aufgaben und Machtbefugnisse in einem Amt, für die es in der Bundesrepublik Deutschland drei Ämter gibt: den Bundespräsidenten (Staatsoberhaupt), den Bundeskanzler (Regierungschef und oberster Heerführer im Verteidigungsfall) und den Verteidigungsminister (oberster Heerführer in Friedenszeiten). Der amerikanische Präsident gehört meist einer der beiden großen Parteien an – den etwas fortschrittlicheren Demokraten oder den eher traditionellen Republikanern. Er wird für vier Jahre gewählt und darf sich nur einmal direkt nach seiner ersten Amtszeit wiederwählen lassen.

Unterstützt und kontrolliert wird der Präsident vom **Kongress,** der – ähnlich wie das englische Parlament mit seinem Ober- und Unterhaus – aus zwei Kammern besteht: dem **Repräsentantenhaus** und dem **Senat.** Im Repräsentantenhaus sitzen Abgeordnete, die alle zwei Jahre vom Volk gewählt werden. Im Senat sitzen pro Bundesstaat je zwei Senatoren, die ebenfalls vom Volk gewählt werden. Der Präsident kann den Kongress nicht auflösen, wohl aber seine Zustimmung zu Gesetzen verweigern. Ohne Zustimmung des Präsidenten kann kein neues Gesetz erlassen werden. Der Dritte im Bunde der US-Regierung ist der **Oberste Gerichtshof,** dessen Richter vom Präsidenten vorgeschlagen werden.

... und im Kleinen Die Regierungen der US-Bundesstaaten sind ähnlich aufgebaut. An ihrer Spitze steht ein Gouverneur. Alle US-Regierungen müssen sich an die amerikanische Verfassung halten, die 1787 als erste demokratische Verfassung der Welt von den 13 Gründerstaaten der USA unterzeichnet wurde.

Und von wo aus wird Amerika regiert? Die amerikanischen Regierungsgebäude befinden sich alle in der Hauptstadt Washington, D.C. Im Weißen Haus wohnt und arbeitet der Präsident. Neben seinem Arbeitszimmer gibt es dort 131 weitere Räume, 35 Badezimmer, einen Swimmingpool, einen Tennis- und einen Basketballplatz, einen Kinosaal, eine Bowlingbahn sowie drei Gärten. Das Gebäude ist wie eine Festung geschützt und wird Tag und Nacht bewacht. Kein Flugzeug darf den Luftraum über dem Anwesen durchfliegen.

Der Kongress tagt im Kapitol, einem mächtigen Gebäude mit einer eindrucksvollen Kuppel, nicht weit vom Weißen Haus gelegen. Der Name dieses Regierungsgebäudes ist vom Kapitolinischen Hügel in Rom abgeleitet, auf dem sich das heilige Zentrum des Römischen Reiches befand.

»Politiker ist kein schlechter Beruf. Wenn man Erfolg hat, lohnt sich das, und wenn man Mist baut, kann man immer noch ein Buch schreiben.« **Ronald Reagan**

Die »Bill of Rights«

Die zehn Artikel der »Bill of Rights« sind Teil der amerikanischen Verfassung. In ihnen sind wichtige Rechte für das amerikanische Volk festgehalten:

- das Recht auf Religions-, Meinungs- und Versammlungsfreiheit
- das Recht, eine Waffe zu besitzen und zu tragen
- das Recht auf Unantastbarkeit der Wohnung und des persönlichen Besitzes
- das Recht auf eine gerechte Verhandlung und eine Verteidigung vor Gericht

Im Jahr 1963 wurde zwischen Washington und Moskau eine Fernmeldeverbindung eingerichtet. Die Regierungen versprachen sich von dem »direkten Draht«, der auch als »rotes Telefon« in die Geschichte einging, einen schnelleren Kontakt in ernsten Krisensituationen sowie Sicherheit vor Abhörmaßnahmen oder Verfälschungen von Nachrichten.

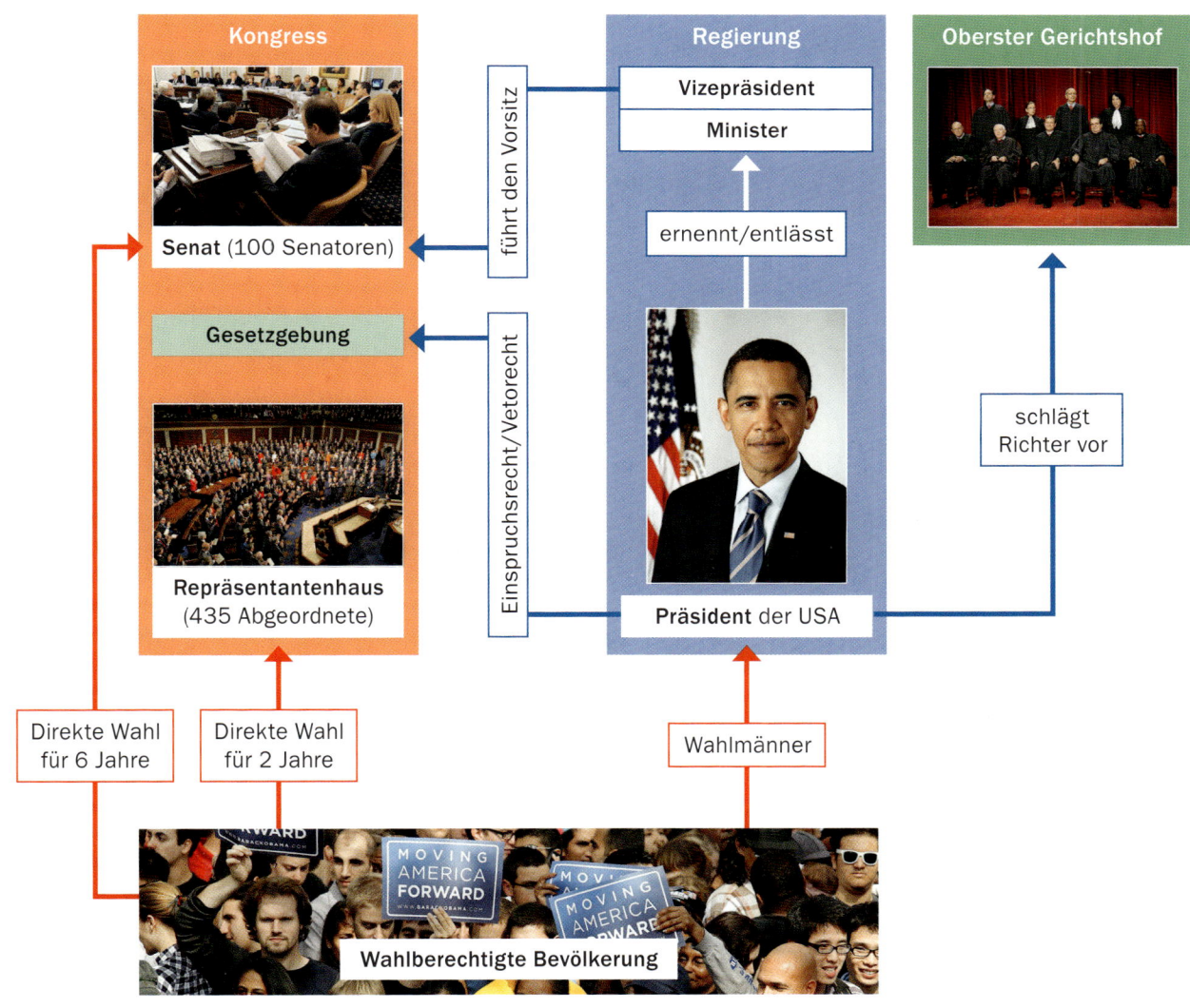

Religionsfreiheit und Nationalstolz

Ohne Strom und Technik! Was wäre, wenn der Strom lange Zeit ausfällt? Versuche dir vorzustellen, was nicht mehr funktionieren würde ohne Strom. Vielleicht kannst du mit deiner Familie einen Tag so ähnlich verbringen wie die Amischen: statt Auto Fahrrad fahren, auf einem Feuer kochen, Licht nur mit Kerzen, keinen Fernseher und kein Radio!

Amish People

Die Mormonen Im Jahr 1830 rief Joseph Smith in New York die »Kirche Jesu Christi der Heiligen der Letzten Tage« ins Leben, deren Anhänger auch als Mormonen bekannt sind. Der Name leitet sich ab von dem Buch Mormon, der »Heiligen Schrift« dieser neuen Kirche. Die Mormonen brachten mit ihren Glaubensgrundsätzen und vor allem mit ihrem Brauch, mehrere Ehefrauen zu haben, viele Menschen in New York gegen sich auf. Daraufhin zogen sie 1846 in den Nordwesten der USA und ließen sich um den Großen Salzsee nieder. Sie gründeten den Staat Utah und die Stadt Salt Lake City. Die berühmteste Mormonin ist wohl zurzeit Stephenie Meyer, die Autorin der Bis(s)-Romane.

Schmelztiegel oder Mosaik?

Pferdegetrappel ertönt. Eine schwarze Kutsche kommt um die Ecke, in der zwei Männer mit langen Bärten und in altertümlicher Kleidung sitzen. Sie fährt auf ein einfaches Bauernhaus aus Holz zu, neben dem eine Frau mit Haube und Schürzenkleid Wäsche aufhängt.

Wir sind hier nicht versehentlich in eine Filmszene geraten, sondern befinden uns in einer Siedlung der Amischen in Pennsylvania. Diese Glaubensgemeinschaft hatte sich von den evangelischen Mennoniten abgespalten und kam im Laufe des 17. und 18. Jahrhunderts aus der Schweiz, dem Elsass und Süddeutschland nach Amerika. Die Amischen kleiden sich heute noch wie ihre Vorfahren im 17. Jahrhundert und lehnen technischen Fortschritt ab. Der Gottesdienst wird immer noch auf Deutsch gehalten. Die Kinder der Amischen werden privat unterrichtet und dürfen sich nach ihrem Schulabschluss »austoben«, bis sie sich mit der Erwachsenentaufe für oder gegen ein Leben als Amische entscheiden.

Religiöse Vielfalt Wie die Vorfahren der Amischen waren viele weitere Menschen aus religiösen Gründen nach Amerika geflüchtet: Puritaner auf den Spuren der Pilgerväter, die in Neuengland ein neues Jerusalem und ein Christentum aufbauen wollten, das der Welt als Vorbild dienen sollte. Frömmigkeit, Fleiß und Ehrgeiz waren ihre herausragenden Eigenschaften, mit denen sie vor allem den Nordosten Amerikas bis heute prägen. Aus England folgten ihnen die Quäker, Baptisten und Methodten. Die

Er ist ein Sikh, aber in erster Linie ein Amerikaner!

beiden letzteren bilden heute die größten Glaubensgemeinschaften in den USA. Aus der Schweiz und Süddeutschland kamen die strenggläubigen protestantischen Mennoniten und Hutterer, aus Spanien, Portugal und Irland Katholiken, mit den Chinesen und anderen Asiaten Buddhisten und Hinduisten in die Neue Welt. So wurde Nordamerika je nach Betrachtungsweise zu einem »Schmelztiegel« *(melting pot)* oder »Mosaik« unterschiedlichster Religionen und zahlreicher Nationen. Zum Teil sind sie ineinander verschmolzen, zum Teil leben sie in einem bunten Miteinander. Auch der Islam fand seinen Weg nach Amerika. Und während der Zeit des Nationalsozialismus in Deutschland suchten zahlreiche Juden Zuflucht in den USA, wo sie eine neue Heimat fanden.

Die Religionsfreiheit wird als unantastbares Gut in der amerikanischen Verfassung festgehalten. So entstanden im Laufe der Zeit etliche Sekten und neue Kirchen wie die der Mormonen und die Kirche Christi, die geduldet werden, solange sie nicht gegen die Verfassung verstoßen. Es herrscht eine strikte Trennung zwischen Staat und Kirche, deshalb gibt es auch keinen Religionsunterricht in der Schule.

Trotz aller Unterschiede hinsichtlich Glauben, Herkunft und Lebensweise verbindet all diese Menschen das Bewusstsein, Amerikaner zu sein. Darauf sind sie sehr stolz und feiern ihr vielfältiges Land an ihren Nationalfeiertagen mit großen Paraden.

> »Wir werden kein Schmelztiegel, sondern ein wunderschönes Mosaik. Verschiedene Menschen unterschiedlichen Glaubens, verschiedene Sehnsüchte, verschiedene Hoffnungen, verschiedene Träume.«
> **Jimmy Carter,** 39. Präsident der USA

Ellis Island im Hafengebiet von New York war die Sammelstelle für alle Einwanderer in die USA.

In New York begegnest du den verschiedensten Nationen und Religionen, hier ein Jude in traditioneller Kleidung in der U-Bahn.

Typisch amerikanisch? Trotz der vielen unterschiedlichen Wurzeln und Kulturen, die die US-Bürger haben, sprechen wir dennoch von »den Amerikanern«. Eine »typisch amerikanische« Familie sieht zum Beispiel so aus: Der englische Großvater ist mit einer Niederländerin verheiratet, ihr gemeinsamer Sohn mit einer Französin. Die vier Enkel wiederum heirateten Frauen, die alle Wurzeln in unterschiedlichen Ländern haben. In den USA haben sich also viele Nationen zu einer neuen »Familie« zusammengefunden.

US-Bürger in Los Angeles demonstrieren im Mai 2010 für eine Lockerung der Einwanderungsgesetze.

Gleiche Rechte für alle!

Malcolm X Innerhalb der Bürgerrechtsbewegung gab es eine Gruppe, die mit Gewalt gegen die Rassentrennung vorgehen wollte: die »Nation of Islam« (oder »Black Muslims«). Sie hatte ihre Anhänger hauptsächlich in den Ghettos der Großstädte. Einer ihrer Anfüh-

Martin Luther King und Malcolm X

rer war Malcolm Little, besser bekannt als »Malcolm X«. Große Konflikte innerhalb der Bewegung brachten ihn jedoch dazu auszutreten. Auf einer Pilgerreise nach Mekka traf er auf ein friedvolles Miteinander von Menschen unterschiedlichster Nationen, was ihn sehr beeindruckte. Nach seiner Rückkehr gründete er die gewaltfreie »Organisation zur afroamerikanischen Einheit«. Am 21. Februar 1965 wurde der erst 39-jährige Malcolm X von Anhängern der »Nation of Islam« ermordet.

Die Indianerbewegung

1968 gründete sich die bis heute bestehende »Bürgerrechtsbewegung der amerikanischen Indianer« AIM (»American Indian Movement«). Ihre Anhänger machten sich 1972 nach dem Vorbild des Marsches auf Washington auf den »Marsch der gebrochenen Verträge« in die Hauptstadt, um an die vielen gebrochenen Vereinbarungen und Versprechungen von Seiten der weißen Eroberer zu erinnern.

1973 lehnte der amerikanische Schauspieler Marlon Brando einen Oscar ab und ließ dafür die Apachin Sacheen Little Feather eine Rede vorlesen, in der er seine Verbundenheit mit den Ureinwohnern Amerikas erklärte.

Die Rassentrennung

Heute können farbige und weiße Menschen in den USA in dieselbe Schule, können gemeinsam in ein Restaurant gehen oder sich an denselben Strand legen. Doch das war nicht immer so. Zwar war seit dem Ende des amerikanischen Bürgerkriegs die Sklaverei verboten, doch damit waren die Sklaven und ihre Nachfahren noch keineswegs wirklich frei und gleichberechtigt. Im Süden hatte sich 1865, gleich nach dem Ende des Kriegs, der Ku-Klux-Klan gebildet. Viele Südstaatler waren gegen die Freilassung aller Sklaven gewesen. Dieser rassistische Geheimbund wollte nun mit Gewalt die Wiederversklavung durchsetzen und, als das nicht gelang, die schwarze Bevölkerung mit Mord- und Terroranschlägen einschüchtern.

Zugleich wurde von staatlicher Seite eine strenge Rassentrennung vorgenommen: Im Jahr 1896 erklärte das Oberste Gericht der USA getrennte Einrichtungen wie Schulen, Restaurants, Hotels und Strände für weiße und farbige Amerikaner für rechtmäßig. Liebesbeziehungen oder gar eine Ehe zwischen weißen und farbigen Partnern waren unter Strafe gestellt.

Die schwarze Bevölkerung Amerikas hatte lange Zeit keine Möglichkeit, sich gegen diese Ungerechtigkeit zu wehren – sie hatte bis 1965 noch nicht einmal das volle Wahlrecht.

Die Bürgerrechtsbewegung Anfang des 20. Jahrhunderts gründeten sich die ersten Bürgerrechtsbewegungen, die sich für die Rechte der farbigen Bevölkerung in den USA einsetzten. Im Jahr 1947 gewann die NAACP (*National Association for the Advancement of Colored People*) einen Prozess gegen Rassentrennung an öffentlichen Schulen und löste damit einen Aufruhr in der gesamten Bevölkerung aus. Als 1955 die schwarze Bürgerrechtlerin Rosa Parks in Montgomery/Alabama in einem Bus einem Weißen nicht ihren Platz abtreten wollte und daraufhin verhaftet wurde, fuhren Afroamerikaner in der Stadt aus Protest nicht mehr Bus. Ihr Anführer war der redegewandte Martin Luther King aus Atlanta. Er hatte es sich zum Ziel gesetzt, den Rassismus mit gewaltlosem Widerstand (»Ziviler Ungehorsam«) zu bekämpfen.

> »Ich habe einen Traum, dass meine vier kleinen Kinder eines Tages in einem Land leben, in dem sie nicht nach ihrer Hautfarbe, sondern nach ihrem Charakter beurteilt werden.«
> **Martin Luther King**

Afroamerikanische Studenten riefen überall in den USA zu Demonstrationen in Bars, Restaurants und an Stränden auf. Vor allem im Süden trafen sie dabei auf gewaltsamen Widerstand von weißen Rassisten, doch der Kampf gegen den Rassismus wurde jetzt sogar von den US-Präsidenten unterstützt: Als der Gouverneur von Mississippi 1962 versuchte, einem Afroamerikaner einen Studienplatz zu verweigern, schickte der damalige Präsident John F. Kennedy die Nationalgarde, um dem jungen Mann zu seinem Recht zu verhelfen. Aber erst zwei Jahre später verbot die US-Regierung mit einem Gesetz offiziell jegliche Benachteiligung aufgrund von Hautfarbe, Religion, Herkunft oder Geschlecht.

1963 rief Martin Luther King zu einem großen Protestmarsch nach Washington, D. C. auf. 250 000 Menschen hörten seine berühmte Rede »Ich habe einen Traum«.

Ghettos – soziale Brennpunkte Mit dem »Chinese Exclusion Act« 1882 ordnete die US-Regierung an, dass alle Chinesen sich nur noch in einem bestimmten Viertel innerhalb einer Stadt ansiedeln durften. Chinesische Ghettos entstanden: die »Chinatowns«. Die Rassentrennung zwischen Weißen und Farbigen führte zur Bildung weiterer Ghettos in den Großstädten. Im Norden bildeten sich schwarze Viertel wie zum Beispiel die New Yorker Stadtteile Südliche Bronx und Harlem; vor allem im Südwesten entstanden in den Städten hispanische Ghettos, in denen Menschen aus Mexiko oder Puerto Rico lebten. Damals wie heute sind dies soziale Brennpunkte, in denen Armut und Bandenkriminalität große Probleme verursachen.

Das Viertel Chinatown in New York

Die Sitzplätze in den amerikanischen Bussen waren streng eingeteilt: vorne die weißen und hinten die farbigen Passagiere. Die Bürgerrechtlerin Rosa Parks hielt sich nicht daran und kam dafür ins Gefängnis.

Frauenbewegung und Flower Power

Das Woodstock-Festival

Im August 1969 fand im Staat New York auf einer Farm in Bethel ein chaotisches, aber bis heute zum Kult verklärtes Festival statt. Regen hatte den Veranstaltungsort in eine Matschwüste verwandelt. Statt der etwa 60 000 erwarteten Besucher kamen fast eine halbe Million! Es gab zu wenige Toiletten und das US-Militär musste einspringen, um Verletzte in Krankenhäuser zu bringen. Da die Kassenhäuschen erst aufgebaut wurden, als die Umzäunung niedergetrampelt war, mussten die Veranstalter auf die Eintrittsgelder verzichten. Trotz aller widrigen Umstände ließen sich die Menschen nicht vom Feiern abhalten. Santana, Jimi Hendrix, Joe Cocker und The Who traten bei dem Festival auf.

Joe Cocker in Woodstock

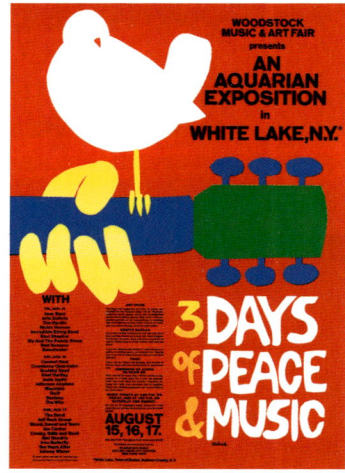

Mit einem solchen Plakat wurde 1969 für das Woodstock-Festival geworben.

Fröhliche und splitterfasernackte Hippies fuhren in Los Angeles mit einem Cable Car.

Love, Peace and Music

Es regnet fast ohne Unterlass, das ganze Gelände ist verschlammt, es gibt kaum Toiletten für die Massen an Besuchern, mit denen die Veranstalter nicht gerechnet hatten. Doch die Stimmung der über 400 000 jungen Musikfans ist trotzdem großartig. Die Rede ist von Woodstock, dem legendären Musikfestival, das 1969 zum Höhepunkt der Hippie-Bewegung in den USA wurde.

Den jungen Frauen und Männern dieser Bewegung lagen zwei Dinge besonders am Herzen: die Befreiung von allen gesellschaftlichen Zwängen und der Einsatz für Frieden und eine bessere Welt.

»Liebt einfach jeden Menschen neben euch und nehmt auf dem Rückweg etwas Müll mit.«

Rockmusiker John B. Sebastian nach seinem Auftritt auf dem Woodstock Festival

Für die Frauen … Die Amerikanerinnen hatten sich zwar bereits in der Zeit der Bürgerrechtsbewegung grundlegende Rechte wie das Wahlrecht erstritten, waren aber nach wie vor den Männern nicht wirklich gleichberechtigt und in der alten Rolle des Mutter- und Hausfrauendaseins gefangen – und diese Rolle hatten sie gründlich statt.

Der Kampf der Frauen für das Recht zu wählen, für das Recht, jeden beliebigen Beruf zu ergreifen oder gar zu studieren und für genauso viel Lohn wie die Männer zu arbeiten, hatte in den USA im Jahr 1869 begonnen. Elizabeth Cady Stanton und Susan B. Anthony gründeten damals die Frauenbewegung (»National Woman Suffrage«). Selbst Verhaftungen gingen die »Suf-

fragetten« (von engl. suffrage – Wahlrecht), wie man die kämpferischen Damen nannte, nicht aus dem Weg.

In den »Wilden Zwanzigern« schockierten die Frauen die amerikanische Öffentlichkeit, indem sie auf der Straße rauchten und sogar selbst Auto fuhren. Der Durchbruch kam allerdings erst in der Zeit des »Flower Power« (dt. »Blumenmacht«), wie die Hippie-Bewegung auch heißt. Von nun an gab es an den Universitäten immer mehr weibliche Studenten, und Karriere war für eine Frau kein Fremdwort mehr.

… und gegen den Krieg Diese neue Frauengeneration ging mit den Männern auf die Straße und demonstrierte gegen den Vietnam-Krieg. Die USA hielten sich bereits seit 1946 in Vietnam auf und hatten Truppen in den südlichen Häfen stationiert, um Frankreich beim Erhalt seiner ehemaligen Kolonie zu unterstützen. Im Sommer 1964 beschossen die Nordvietnamesen angeblich zwei amerikanische Kriegsschiffe. Daraufhin bombardierten die USA Nordvietnam. Der dadurch ausgelöste Krieg dauerte entgegen den amerikanischen Erwartungen neun lange Jahre. Hunderttausende junger Amerikaner wurden zur Unterstützung Südvietnams und der amerikanischen Interessen in einen sinnlosen Kampf in den vietnamesischen Dschungel geschickt. Viele Soldaten kehrten nicht nur verwundet, sondern auch mit schweren seelischen Störungen aus dem Krieg zurück. Das bisherige Bild von den Vereinigten Staaten als Retter aller unterdrückten Völker begann nun sogar im eigenen Land zu bröckeln. Als Südvietnam kapitulierte, gehörten die USA mit zu den Verlierern, und das amerikanische Volk stand unter Schock.

Die Frauen gehen auf die Straße: Sie wollen mehr Selbstbestimmung und gute Jobs mit gerechter Bezahlung.

Der Vietnam-Krieg

Vietnam war seit 1954 in zwei Staaten geteilt: in das kommunistische Nordvietnam und das westlich orientierte Südvietnam. In Südvietnam stiftete eine Gruppe von kommunistischen Widerstandskämpfern, die Vietcong, immer wieder Unruhe. Sie fanden Unterstützung in den Streitkräften Nordvietnams. Schließlich bat Südvietnam unter anderem die USA um militärische Hilfe. Die Regierung Südvietnams erwies sich jedoch als bestechlich und als sehr unbeliebt beim Volk, die Nordvietnamesen und die Vietcong hingegen als äußerst entschlossene Kämpfer. Die südvietnamesische Regierung gab sich am 30. April 1975 geschlagen. Der Vietnam-Krieg ging als politische und menschliche Katastrophe in die amerikanische Geschichte ein.

Madeleine Korbel Albright

Lebensdaten Geboren 1937 als Marie Jana Korbelová

Herkunft Prag/Tschechoslowakei

Familie Jüdische Tschechen; 1948 geht ihre Familie ins Exil in die USA

Besonderheiten Madeleine Albright wird 1957 amerikanische Staatsbürgerin. Sie studiert Politik-, Staats- und Rechtswissenschaften und schlägt eine politische Laufbahn ein. 1997 wird sie als erste Frau Außenminister der USA und ist während ihrer Amtszeit die mächtigste Frau der Welt.

Traumfabrik Hollywood

Die Warner Brothers Es waren einmal vier Brüder, die ihren Vater überredeten, ein Pferd und eine goldene Uhr zum Pfandleiher zu bringen, um für das Geld eine Filmvorführmaschine zu kaufen. So soll die Geschichte von Jack, Samuel, Harold und Albert Warner begonnen haben. Mit dem Projektor gründeten sie 1903 eine Art »Wanderkino«. 1923 eröffneten sie in Hollywood die Warner Brothers Pictures. Das Studio ist bis heute mit Zeichentrickfilmen wie *Bugs Bunny,* Actionfilmen wie *Batman* oder zuletzt mit Kinoerfolgen wie *Harry Potter* sehr erfolgreich.

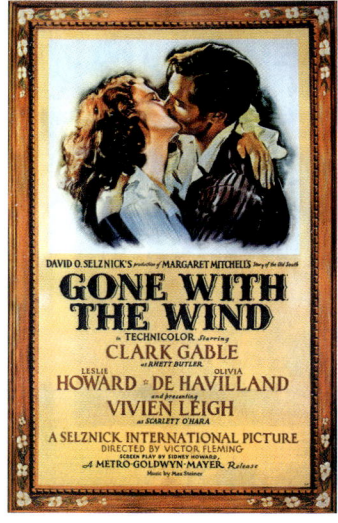

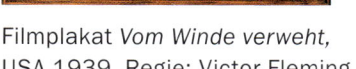

Filmplakat *Vom Winde verweht,* USA 1939. Regie: Victor Fleming

Die berühmten Buchstaben waren ursprünglich 1923 als Werbeschriftzug für den Grundstücksverkauf errichtet worden. Mittlerweile ist daraus ein weltweites Symbol für Glitzerwelt und Filmgeschichte geworden.

Ein Tag hinter den Kulissen Möchtest du einmal wie Jake Sully in *Avatar* fliegen, Spongebob die Hand schütteln oder eine Verfolgungsjagd amerikanischer Polizisten beobachten? Einen Tag wie in Hollywood erlebst du im Movie Park Germany in Bottrop-Kirchhellen, in den Bavaria Filmstudios bei München oder im Filmpark Babelsberg bei Berlin. Dort kannst du bei einem Stunt dabei sein oder selbst einmal vor der Kamera stehen.

aktiv

Stars und Sternchen

Blitzlichtgewitter, Damen in eleganten Abendkleidern, Herren in Designer-Anzügen, ein roter Teppich, Tränen und schluchzend gestammelte Dankeschöns – es ist wieder einmal Zeit für die Oscar-Verleihung. Mit diesem Filmpreis werden in Los Angeles jedes Jahr die Besten aus dem Filmgeschäft ausgezeichnet. Selbst längst berühmte Stars halten bei dem Satz »And the winner is ...« den Atem an und hoffen, dass ihr Name fällt.

Der Ort der Preisverleihung ist ganz in der Nähe der amerikanischen Filmproduktionsstätte Hollywood. Bis heute ist dieser Stadtteil von Los Angeles das Symbol des Kinofilms schlechthin. Wer als Filmschauspieler ein Weltstar werden will, muss dorthin!

Auf der großen Leinwand ... 1911 entstanden in Hollywood die ersten Filmstudios. In den 1930er- und 1940er-Jahren wurden hier Filme wie *Vom Winde verweht, Casablanca* oder *Der Zauberer von Oz* gedreht. Sie zeigten stets eine Welt, in der am Ende das Gute siegt. Das Kino war für die Menschen eine Fluchtmöglichkeit aus ihrem oft grauen Arbeitsalltag und gar vor den Erinnerungen an die sinnlosen Kriege oder die Folgen der Wirtschaftskrise in eine bessere Welt auf der Kinoleinwand. Ab den 1970er-Jahren wurden immer mehr »Katastro-

phenfilme« wie *Flammendes Inferno* oder *Erdbeben* mit Weltuntergangsstimmung produziert. Mittlerweile entführen die Filmemacher uns wieder verstärkt in schöne Fantasiewelten wie die von *Harry Potter* oder *Avatar*.

… und im Wohnzimmer   In den 1950er-Jahren zog das Fernsehen in die amerikanischen Haushalte ein, mit Serien, in denen Familien, Ärzte, Polizisten oder Paketdienstfahrer Helden sind – also ganz alltägliche Menschen wie der Nachbar von nebenan. Dabei müssen die Serienhelden nicht unbedingt »echte Schauspieler« sein, auch Zeichentrickfiguren wie *Die Simpsons* übernehmen diese Rolle. Besonders beliebt waren Serien, in denen Tiere die Hauptrolle spielten, wie *Lassie* oder *Flipper*. Auch in Deutschland und anderswo in Europa wurden diese Serien populär.

Jüngeren Zuschauern sind heute die Welten von *Hannah Montana*, *Hotel Zack und Cody* oder *iCarly* näher. Die Helden dieser Serien sind amerikanische Teenager mit ganz ähnlichen Freuden und Problemen wie sie Teenager in Deutschland haben.

Fast fünf Stunden am Tag, so ergaben Nachforschungen, verbringen amerikanische Kinder vor dem Fernseher. Eines konnten sie dabei allerdings bislang nicht lernen: das Fluchen. Bestimmte Schimpfwörter sind im amerikanischen Radio und Fernsehen nämlich verboten. Fallen sie in einer Live-Sendung, muss der Sender sie mit einem Piepton übertönen, sonst droht eine Geldstrafe von bis zu 325 000 Dollar!

Der *Walk of Fame*   Zu beiden Seiten des Hollywood Boulevards in Los Angeles zieht sich über 18 Häuserblocks hinweg der *Walk of Fame*. In diesen »Weg des Ruhms« sind Sterne mit den Namen berühmter Künstler aus der Welt von Film, Fernsehen, Radio, Musik und Theater eingelassen. Den ersten Stern erhielt 1960 die amerikanische Schauspielerin Joanne Woodward. Mittlerweile sind es über 2400 Sterne. Auch in Berlin am Potsdamer Platz gibt es seit 2010 einen *Walk of Fame*.

Stern von Michael Jackson

Viele amerikanische Kinder wollen Stars werden und finden oft sogar bei ihren Eltern Unterstützung. Dakota Fanning, u. a. in *New Moon – Bis(s) zur Mittagsstunde* als Vampirin Jane zu sehen, stand bereits mit fünf Jahren vor der Kamera.

Ein weiterer amerikanischer Teenie-Star: Miley Cyrus hat als Hannah Montana unzählige begeisterte Fans weltweit. Diese hier warten in München vor einer Filmpremiere auf sie.

Johnny Depp auf dem roten Teppich

Songs, Comics und Romane made in USA

Von Huck Finn bis Michael Jackson

Hip-Hop und Rap Der Hip-Hop entstand in den 1970er-Jahren in den Ghettos der Schwarzen. Zu ihm gehören Rap, Breakdance, das Graffiti-Sprühen und die Szene-typische Kleidung. The Last Poets rappten als erste Gruppe zur Zeit der afroamerikanischen Bürgerrechtsbewegung. Eines ihrer Vorbilder war Malcolm X. Heute zählen zu den berühmtesten amerikanischen Rappern die Musiker Eminem und 50 Cent.

Der Rapper 50 Cent

Musik Amerika ist nicht nur das Land des Films, sondern auch das Land der Musik und der Literatur. Seine Künstler und Autoren haben einen großen Einfluss auf die restliche Welt ausgeübt und tun es noch. Dabei spielte die Tatsache, dass in den USA Menschen vieler Nationen und Kulturen zusammenkamen, eine große Rolle. Aus der Kultur der Afroamerikaner gingen zum Beispiel Musikrichtungen wie Blues und Jazz hervor. Der U. S. Highway 61 trägt auch den Namen »Blues Highway«, da er u. a. den Mississippi-Delta-Bezirk durchquert, der als Ursprungsgebiet des Blues gilt. Die Stadt New Orleans war sein Geburtsort. Hier taten sich schwarze Musiker zu Bands zusammen und machten spontan und meist ohne Noten zusammen Musik, die voller Wehmut an die ferne Heimat erinnerte. Aus New Orleans stammt auch der Trompeter und Sänger Louis Armstrong, der den Jazz weltberühmt machte. Er wuchs in einem Armen-Kinderhaus auf und wurde durch seine Musik zum Millionär.

> »Ich möchte so berühmt sein wie Gott!«
> **Madonna**

Heute noch ist in New Orleans an jeder Ecke Musik zu hören. Doch das Zentrum des Jazz ist längst abgewandert: erst nach Chicago, dann nach New York.

In den 1950er-Jahren kam in den USA der Rock 'n' Roll auf und begeisterte eine ganze Generation. In wilden Tänzen ließen junge Mädchen ihre Petticoats schwingen. Der »König des Rock 'n' Roll« war Elvis Aaron Presley, der heute noch von seinen Fans verehrt wird und viele Nachahmer hat. Überall auf der Welt gibt es Elvis-Museen, mehrere auch in Deutschland.

Elvis (1937–1977) schockierte mit seinem wilden Hüftschwung zunächst die amerikanische Gesellschaft, doch bald ahmten ihn junge Menschen auf der ganzen Welt begeistert nach.

Pop-Königin Madonna

Michael Joseph Jackson

Lebensdaten 1958–2009

Herkunft Gary in Indiana/USA

Familie Joseph und Katherine Jackson; acht Geschwister

Besonderheiten Schon mit sechs Jahren singt Michael mit vier seiner Brüder in der Band The Jackson Five. Später wird er als Solokünstler weltberühmt und erhält den Namen »King of Pop« (König der Popmusik). *Thriller* ist bis heute das weltweit meistverkaufte Album.

Der Rock 'n' Roll wurde zum Hardrock oder Punkrock weiterentwickelt, zu deren Vertretern beispielsweise die Bands Bon Jovi oder Green Day gehören. Eine ebenso große weltweite Fan-Gemeinde wie Elvis haben heutige amerikanische Stars wie der 2009 verstorbene Michael Jackson, Prince oder Madonna, die sich mit Songs wie *Material Girl* seit über 20 Jahren in den Charts hält.

Literatur Doch nicht nur mit Musik beeindruckt Amerika. Auch seine Literatur ist fester Bestandteil unserer Buchregale. Zu den bekanntesten amerikanischen Jugendbüchern gehören Werke, die bereits vor über hundert Jahren erschienen sind! Herman Melville, ein ehemaliger Matrose, schrieb 1851 seinen Roman *Moby Dick* und erzählt darin von der Jagd Kapitän Ahabs auf einen weißen Pottwal. Ebenso beliebt und auch als Fernsehfilme immer noch aktuell sind die Abenteuer von Tom Sawyer und seinem Freund Huckleberry Finn von Mark Twain sowie die Heldentaten des Trappers Lederstrumpf aus *Der letzte Mohikaner* (1826) von James Fenimore Cooper. Durch diese Bücher erhalten Leser einen guten Einblick in das damalige harte Leben im jungen Amerika.

Zu einer besonderen Literaturgattung haben sich die amerikanischen Comics entwickelt – Helden wie Micky Maus oder Donald Duck sind aus keinem Kinderzimmer der Welt mehr wegzudenken.

Die amerikanische Comic-Welt Im 19. Jahrhundert wurden in amerikanischen Zeitungen erstmals längere Bilderfolgen veröffentlicht, die bereits *Comics* genannt wurden. Der Text erschien in Sprechblasen. Heute sind die Helden der amerikanischen Comic-Literatur unsterblich. Jeder kennt die *Peanuts* von Charles M. Schulz (1922–2000) mit ihren Helden Charlie Brown, Snoopy oder Linus. Micky Maus und Donald Duck, von Walt Disney (1901–1966) erfunden, waren erst Kinostars, bevor sie ihre Karriere auf dem Papier starteten. 1938 erweckten Jerry Siegel und Joe Schuster *Superman* zum Leben. Zahlreiche weitere Comic-Superhelden folgten.

Bereits 1876 verfasste Mark Twain, der auch als Steuermann auf einem Mississippidampfer und als Goldgräber arbeitete und eigentlich Samuel Clemens hieß, die heute noch beliebten Abenteuer von Tom Sawyer.

Louis Armstrong (1900–1971), der seinen ersten Musikunterricht im Kinderheim erhielt, wurde ein erfolgreicher Unterhaltungskünstler.

Die USA und ihre Nationalsportarten

Die amerikanischen Frauen-Teams im Eishockey sind international sehr erfolgreich.

Touchdown beim American Football

Berühmte amerikanische Stadien

Wenn es um ihren Nationalsport geht, scheuen die Amerikaner keine Kosten. Die Football-Vereine investieren viel Geld in ihre Spieler und in ihre Stadien (engl. »Stadium«). So ist es kein Wunder, dass von den 20 größten Stadien der Welt allein elf American-Football-Stadien sind! An dritter Stelle steht das Michigan Stadium und an vierter das Beaver Stadium der Universität von Pennsylvania. Letzteres ist keineswegs Heimspielstätte eines Profiteams, sondern die des College-Teams »Nittany Lions«.

Das Dallas Cowboys Stadium in Arlington/Texas

Helden des Spielfelds

American Football   Der American Football hat seine Wurzeln im englischen Rugby und wurde 1869 in den USA eingeführt. Mehrere Todesopfer machten es nötig, die Regeln des recht rabiaten Sports 1905 noch einmal zu überdenken. Mittlerweile sind die Footballspieler so gut geschützt wie die Ritter im Mittelalter, wenn es in den Kampf ging. American Football ist trotz (oder wegen?) seiner Härte der Volkssport Nummer eins und jeder gute Football-Spieler ein Held, gleichgültig ob er im High-School-Team spielt oder bei den Profis.

Die Regeln: Jede Mannschaft besteht aus elf Spielern, die den eiförmigen Ball in den hinteren Bereich des gegnerischen Feldes treten, tragen oder werfen müssen. Gelingt dies, hat die Mannschaft einen *Touchdown* erzielt. Bugsiert ein Spieler den Ball durch das gegnerische, H-förmige Tor, gibt es Zusatzpunkte. Zum Abschluss der Football-Saison findet alljährlich ein nationales Ereignis statt: der *Super Bowl*. Hier kämpfen die zwei besten Teams der NFL *(National Football League)* um diesen sehr begehrten Pokal.

Basketball   Was die Beliebtheit angeht, so können sich die Spieler aus der nationalen Basketballliga mit den amerikanischen Footballstars messen. In der NBA (National Basketball Association) spielen heute Superstars aus der ganzen Welt. Die meisten sind Afroamerikaner, doch finden sich inzwischen auch Asiaten oder Deutsche unter ihnen. Das erste »offizielle« Spiel fand 1891 statt – mit zwei Pfir-

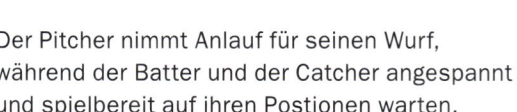

Der Pitcher nimmt Anlauf für seinen Wurf, während der Batter und der Catcher angespannt und spielbereit auf ihren Positionen warten.

sichkörben, 18 Spielern und einem Endergebnis von 1 : 0. Heute sind Ergebnisse wie 102 : 96 ganz normal. Von den 13 Regeln, die der Sportlehrer James Naismith 1891 für das von ihm erfundene Spiel aufstellte (seine Studenten sollten sich im Winter nicht so langweilen), sind einige noch aktuell. Doch es kamen viele hinzu. So wurde es den Spielern erlaubt, eigene Wurf- und Sprungtechniken anzuwenden, die das Basketballspiel besonders faszinierend machen. Die Fans jubeln, wenn Spieler den Ball elegant und fast fliegend in den 3,05 Meter hohen Korb legen. Bei den nicht unüblichen Körpergrößen von über 2,10 Meter fällt ihnen das allerdings auch nicht allzu schwer!

Baseball Viel älter als American Football oder Basketball ist jedoch der Baseball, ein Sport mit englischen und deutschen Wurzeln. Bereits 1846 fand das erste Spiel in den USA statt. Die amerikanische Baseball-Liga *Major League* setzt sich aus der *National League* und der *American League* zusammen. Die National League (gegründet 1876) ist die älteste existierende Sportliga der Welt. Beim Baseball muss eine Mannschaft den Ball mit einem Schlagstock weit über das Spielfeld schlagen, während einer ihrer Spieler dieses so schnell wie möglich umrundet. Alle Spieler tragen Baseballkappen, lediglich der Fänger *(Catcher)*, der Schlagmann *(Batter)* und der Schiedsrichter sind mit Helmen geschützt.

Die Cheerleader In Amerika werden die Sportmannschaften heute von gut trainierten Tänzerinnen angefeuert. Doch das war nicht immer so! Bis 1920 waren es nur Männer, die den Fans als Cheerleader einheizten. Ein männlicher Cheerleader wurde sogar Präsident der USA: George W. Bush. Für die Cheerleader, die Turnen, Akrobatik und Tanz beherrschen müssen, gibt es ebenfalls landesweite Wettbewerbe. Es gehört hartes Training dazu, über den ganzen Spielverlauf hinweg und in den Pausen vor den Fans zu tanzen und Stimmung zu machen.

Michael Jeffrey »Air« Jordan

Lebensdaten Geboren 1963

Herkunft Brooklyn in New York

Familie James und Dolores Jordan, vier Geschwister

Besonderheiten Der Ausnahme-Basketballer spielte bei den Chicago Bulls, den Washington Wizards und in der amerikanischen Nationalmannschaft. Er wurde 2009 in die »Basketball Hall of Fame«, die Ruhmeshalle der berühmtesten Spieler, aufgenommen.

Die Besucher der Freiheitsstatue können bis in die Krone hochsteigen und einen Blick über New York werfen.

Aufwachsen und Leben in den USA

Die Vereinigten Staaten von Amerika sind sehr kinderfreundlich. Kinder sind überall willkommen und haben ihren festen Platz in der Lebensplanung der Amerikaner. Zwar bringen ihre Eltern sie meist früh in Kinderkrippen oder anderen Betreuungseinrichtungen unter, doch wird dies als Vorteil gesehen: So kommen sie schnell in Kontakt mit vielen anderen Kindern und lernen früh Selbstständigkeit.

Die Welt der Jugendlichen in den USA erscheint uns durch Fernsehsendungen wie *O. C. California* oder *Hannah Montana* cool und beneidenswert. Doch der Alltag besteht nicht nur aus Festen und Treffen mit Freunden. Die Schule spielt eine große Rolle im Leben der amerikanischen Kids. Sie ist eine Art Ersatzfamilie, denn hier verbringen die Kinder den größten Teil ihres Tages. Wer später einmal auf ein *College* (Hochschule) gehen will, muss sich in der Schule sehr anstrengen, denn dorthin kommen nur die guten Schüler. Besonders gefördert wird, wer ein sportliches Supertalent oder sehr musikalisch ist oder sich in herausragender Weise sozial engagiert.

In den USA herrschen strenge Jugendgesetze: Alkohol und Zigaretten erhält man erst mit 21 Jahren, heiraten darf man allerdings schon mit 18. Aber Achtung: Wenn du dich in den USA verabreden willst, musst du bestimmte Regeln kennen. Sonst endet dein erstes Date in einer peinlichen Katastrophe!

Verkehrte Welt? Nein, nur anders und dann doch sehr cool! Deshalb schauen wir Europäer seit vielen Jahrzehnten gespannt über den Ozean: Was ist dort gerade in? Mit Coca-Cola und Kaugummi fing es an, dann kamen Rock'n'Roll, Disneyland und Skateboardfahren. Mittlerweile sind wir dank des Internets fest vernetzt!

Die Schule

Auch Amerikaner mögen es gesund: Kinder und Eltern demonstrieren gegen »Junk Food« in der Schulcafeteria.

Die Schullaufbahn Die Schullaufbahn eines Kindes beginnt in den USA mit etwa fünf Jahren. Die amerikanischen Kinder besuchen in diesem Alter zunächst den Kindergarten (der auf Englisch übrigens *Kindergarden* heißt) beziehungsweise die *Pre-School* (Vorschule). Dort lernen sie bereits Lesen, Schreiben und Rechnen. Dann geht es in die Grundschule. Hier eine Übersicht über das amerikanische Schulsystem:

- *Kindergarden/Pre-School* (Kinder ab 5 Jahren)
- *Elementary School* (1.–4. Klasse; die Schüler sind 6–9 Jahre alt)
- *Middle School/Junior High School* (5.–8. Klasse; die Schüler sind 10–13 Jahre alt)
- *High School/Senior High School* (9.–12. Klasse; die Schüler sind 14–17 Jahre alt)

Schüler in Festuniform freuen sich über ihren Abschluss.

Vom *Kindergarden* zum *Prom*

Morgens zwischen 7 und 8 Uhr rollen überall in den USA gelbe Schulbusse über die Straßen. Erst am späteren Nachmittag bringen sie ihre jungen Fahrgäste wieder nach Hause zurück. Allerdings verbringen die Kinder in der Schule nicht die ganze Zeit nur mit Unterricht! Sie treffen sich dort auch zu Aktivitäten, für die wir in Europa Vereine und andere Einrichtungen haben: Sport, Musikunterricht, Theater- oder Diskussionsklubs.

Ein typischer Schulbus

Die Schule ist fest in das gesellschaftliche Geschehen eingebunden. Die Lehrer arbeiten eng mit den Eltern zusammen, und an manchen Schulen lesen einmal in der Woche Senioren den jüngeren Schülern vor. Spielt die Football- oder Baseballmannschaft der Schule, versammelt sich fast der ganze Ort am Spielfeldrand.

Eine Schule für alle In den USA durchlaufen die Kinder drei verschiedene Schulen: Von der 1. bis 4. Klasse besuchen sie die *Elementary School* (Grundschule). Im Anschluss gehen die Schüler nicht auf eine Haupt- oder Realschule oder ein Gymnasium, sondern besuchen weiterhin eine gemeinsame Schule: erst die *Middle School* (Mittelschule) und dann die *High School* (Oberschule). Im Unterschied zur Elementary und Middle School mit ihren Klassenverbänden herrscht in der High School ein Kurssystem. Für jedes Fach gibt es Kurse mit unterschiedlichem Schwierigkeitsgrad. Wenn ein amerikanischer Schüler also immer schwere Kurse belegt, hat er mit seinem High-School-Abschluss etwas Ähnliches wie das Abitur erreicht.

Das Schuljahr ist in drei Abschnitte (Trimester) unterteilt. Am Ende eines jeden Trimesters gibt es Zeugnisse. Dort stehen aber nicht wie bei uns Noten von 1 bis 6, sondern Buchstaben. Der Buchstabe »A« entspricht unserer Note 1, der Buchstabe »F« einer 6.

Am meisten freuen sich die amerikanischen Schüler vermutlich immer auf ihre Sommerferien, denn sie dauern je nach Bundesstaat acht bis zwölf Wochen! Dafür sind die übrigen Schulferien jeweils nur etwa eine Woche lang.

Und noch etwas ist anders als bei uns: Auf der High School sagt man nicht »Ich bin in der 9. Klasse«, sondern »Ich bin ein *Freshman*« (so etwas wie ein Frischling)! In der 10. Klasse ist man ein *Sophomore* (ein weiser Narr!), in der 11. ein *Junior* und in der 12. Klasse ein *Senior*.

Ein großes Ereignis Eines der großen Ereignisse im Leben der Amerikaner ist der High-School-Abschluss. Alle Schüler ziehen eine Festuniform an: einen Hut und einen Mantel in Schwarz oder in den Schulfarben, dann bekommen sie ihr Zeugnis. Das Wichtigste ist aber der Abschlussball, der *Prom*. Festliche Abendkleidung ist Pflicht. Es gibt ein Buffet und Tanz. Vor dem Fest hat sich jeder Junge eine Wunschpartnerin ausgesucht und sie ganz förmlich gefragt, ob sie ihn zum Schulball begleiten möchte. Die Frage »Wer mit wem?« ist für die Jungen und Mädchen das große Thema vor dem Ball!

Die Online School
In den USA gibt es wie bei uns staatliche und private Schulen, aber auch noch eine Schulform, die immer mehr Anhänger findet: die *Online School*. Sie bietet virtuellen Schulunterricht für Schüler, die in sehr abgelegenen Gegenden wohnen oder die aus religiösen oder krankheitsbedingten Gründen keine »normale« Schule besuchen wollen oder können. Schulen dieser Art werben damit, viel besser auf die einzelnen Schüler und Schülerinnen und ihre Bedürfnisse eingehen zu können. Was fehlt, sind das Treffen mit Freunden auf dem Pausenhof und gemeinsame Erlebnisse innerhalb der Schulgemeinschaft.

Oft sind Spinde mit privaten Fotos oder Postern geschmückt. Die Lehrer kontrollieren regelmäßig, ob darin Ordnung herrscht. Ist dies häufiger nicht der Fall, verliert der Schüler seinen *locker*.

»Der *locker* ist wie ein eigenes Zimmer in der Schule!«
Carla Lautenschlager,
amerikanische Schülerin

Die Schüler erhalten in der Schulcafeteria ein warmes Mittagessen.

Amerikanischer Alltag

Amerikanische Familienidylle vor dem Grill: Barbecue gehört im Sommer zu den beliebtesten Freizeitvergnügen der Amerikaner.

Freizeit – Fun und Ferien

Der Alltag der amerikanischen Kinder ist geprägt von der Schule, denn dort verbringen sie die meiste Zeit. Wenn sie am späteren Nachmittag nach Hause kommen, sind oft noch Hausaufgaben zu erledigen. Doch dann steht Freizeitvergnügen auf dem Plan. Und was machen die Jugendlichen in den USA in ihrer Freizeit? Genau das, was alle anderen Kinder und Jugendlichen auf der Welt auch tun: sich mit Freunden treffen. Dabei steht Sport an erster Stelle: Skateboardfahren, Tennis, im Winter Schlittschuhlaufen und im Sommer Schwimmen. Ansonsten gehen die Kids zusammen ein Sandwich essen oder treffen sich bei Freunden zu Hause. Am Wochenende finden Partys oder Barbecues mit der Familie statt.

In den USA sind Schule und Kirche strikt getrennt. Gläubige Familien schicken ihre Kinder deshalb nachmittags oder an den Wochenenden in die *Church School* (Kirchenschule). Dort lesen sie in der Bibel, unternehmen Ausflüge oder musizieren gemeinsam. Soziale Tätigkeiten sind für die Jugendlichen in den USA sehr wichtig und selbstverständlich.

Auf dem Land oder in kleineren Städten können sich die Jugendlichen eher frei bewegen und wachsen zumeist recht behütet auf. In den Großstädten ist das anders. Dort herrscht viel mehr Kriminalität, sodass die Eltern sich stärker um ihre Kinder sorgen müssen.

Wie sehen die Rechte für Jugendliche aus?

Die Rechte der Jugendlichen in den USA unterscheiden sich von denen in Europa. Bereits mit 16 Jahren können die amerikanischen Jungen und Mädchen in den meisten Bundesstaaten ihren Führerschein machen und fahren dann zumeist mit dem Auto statt mit dem Bus zur Schule. Mit 18 Jahren dürfen sie heiraten. Allerdings ohne Sektempfang, denn Alkohol und Zigaretten sind erst ab 21 Jahren erlaubt! Erst dann gilt man in den USA als volljährig.

Ein 15-jähriger High-School-Schüler bei einer Fahrstunde

Das erste Date Seine Freunde trifft man in der Gruppe. Ist ein Junge allerdings an einem Mädchen interessiert – oder umgekehrt –, dann erfordert das ein besonderes Treffen, *Date* genannt. Ein Date unterliegt strengen Regeln: Der Junge fragt das Mädchen, ob sie sich allein treffen wollen. Wenn sie etwas essen oder trinken gehen, lädt der Junge ein. Das erste Treffen findet unter der Woche statt. Dafür macht sich das Mädchen besonders schick und geht noch einmal zum Friseur. Möchte sich der Junge ein zweites Mal mit dem Mädchen treffen, muss er drei Tage warten, bevor er wieder anruft. Das Mädchen ruft nicht an! Beim zweiten Date trifft man sich am Wochenende und geht z. B. ein Footballspiel anschauen. Ob die beiden nach einem dritten Date dann »zusammen sind«, klären sie bei einem Gespräch. Will sich das Mädchen mit dem Jungen kein zweites Mal treffen, geht sie einfach nicht mehr ans Telefon. Diese »Dating-Regeln« sind für uns Europäer sehr ungewöhnlich, für Amerikaner aber ungeschriebenes Gesetz. Wer dagegen verstößt, hat kein Benehmen!

Endlich Ferien! Die Schulferien im Sommer sind in den USA sehr lang, sie dauern mindestens acht Wochen. Die Erwachsenen haben jedoch längst nicht so viel Urlaub. Deshalb verbringen ihre Kinder einen Großteil ihrer Sommerferien in Camps. Diese gibt es mit oder ohne Übernachtungsmöglichkeit, vor Ort oder weiter weg. Manche Camps dauern nur ein paar Tage, andere mehrere Wochen. Für viele Kinder sind diese Camps der Höhepunkt des Jahres – hier können sie z. B. ihrem Lieblingssport nachgehen und neue Freunde finden.

Hier sind die Dating-Regeln erfolgreich eingehalten worden! Vier amerikanische Jugendliche auf dem Weg zum Skateboardfahren und Rollerskaten.

Welches Feriencamp ist am coolsten?
Am beliebtesten sind Sportcamps, in denen sich die Kids von morgens bis abends bei ihrer Lieblingssportart austoben können: Tennis, Football, Soccer oder Baseball. Wer nicht so gerne Sport treibt, besucht ein Science Camp (Wissenschaftscamp). Hier verwandeln sich die Jugendlichen in kleine Biologie- oder Chemie-Forscher, machen Versuche und vertiefen ihr Wissen aus dem Schulunterricht. Manche große Firmen bieten in den Ferien Technikcamps an. Dort bauen die Kinder kleine Roboter oder lernen das Programmieren am PC. Natürlich veranstalten auch die Kirchen Feriencamps und sogar die eine oder andere Schule. Ebenfalls sehr beliebt sind die Scout Camps (Pfadfindercamps), in denen die Kinder auf Abenteuerurlaub gehen und das Pfadfinderleben kennenlernen. Ähnliche Feriencamps gibt es mittlerweile auch in Europa.

In den Feriencamps steht wie für diese drei Jungen der Spaß an erster Stelle.

Die *Boy Scouts,* die amerikanischen Pfadfinder, sind eine der größten Jugendorganisationen in den USA und sehr beliebt. Jungs dürfen ab sieben Jahren eintreten, Mädchen mit 14 Jahren. Die Kids lernen in ihren Feriencamps u. a. die Natur genau kennen und schützen.

Feste und Gedenktage

Auch in der Schule wird gefeiert!
Ein großer Feiertag erfasst in den USA alles und jeden, auch die Schule ist ein Teil davon: *Valentine's Day.* Die Jungen können an diesem Tag im Schulsekretariat für das Mädchen, das sie verehren, eine Rose kaufen. Diese wird dann anonym überbracht.

Man schenkt sich Süßigkeiten und kitschige Karten. Es ist nicht eindeutig, worin die Tradition des Valentinstags ihre Ursprünge hat. Die Bezeichnung geht auf einen oder mehrere Märtyrer namens Valentin aus frühchristlichen Zeiten zurück.

Lade zur Valentine's-Day-Party ein!
Alle Gäste tragen rote Kleidung und es gibt nur rotes Essen und rote Getränke. Jeder bringt eine Valentine's-Grußkarte mit. Die kitschigste Karte erhält einen Preis!

aktiv

Woher kommt Halloween?
Der irischen Sage nach hatte ein Mann namens Jack den Teufel eingefangen und ihn erst wieder freigelassen, als dieser ihm versprach, ihn nie wieder zu belästigen. Als Jack starb und wegen einiger böser Taten nicht in den Himmel kam, konnte er deshalb auch nicht in die Hölle. Seitdem geistert er immer am 31. Oktober zwischen den Welten umher. Der Teufel schenkte ihm eine Rübe und ein Stück glühender Kohle, damit Jack seinen Weg durch das Dunkel fand. In den USA wurde die Rübe durch den Kürbis ersetzt und heißt Jack O'Lantern.

Ein Volk in Feierlaune

Das amerikanische Volk liebt es zu feiern und nutzt dafür jeden Anlass: Weihnachten, Ostern und Erntedank, den Tag der Unabhängigkeit oder den Valentinstag. Hinzu kommen zahlreiche Feiertage, die von den unterschiedlichen Nationen, aus denen sich die Bevölkerung der USA zusammensetzt, »mitgebracht« wurden.

In der Weihnachtszeit – **Christmas Time** – schmücken Unmengen an bunten Lichterketten die Häuser und blinken um die Wette. Riesige Weihnachts- und Schneemänner stehen in den Vorgärten, und der Weihnachtsbaum im Zentrum einer Stadt kann gar nicht groß genug sein. In den USA kommt der Weihnachtsmann in der Nacht vom 24. Dezember durch den Schornstein ins Haus und füllt die großen Weihnachtssocken, die am Kamin hängen. Die amerikanischen Kinder packen also erst am Morgen des 25. Dezember ihre Geschenke aus. Diese Tradition stammt aus England.

Fast ebenso wichtig wie Christmas ist **Thanksgiving**, das wir als Erntedankfest kennen. Die ganze Familie versammelt sich an diesem Tag zum Essen: Es gibt gefüllten Truthahn mit Preiselbeersoße, Süßkartoffeln und Kürbiskuchen *(pumpkin pie).* Diese Speisen tischten einst die Pilgerväter bei einem Fest auf, mit dem sie sich bei den be-

Halloween ist das Fest der Kinder!
Sie ziehen gruselige Kostüme an und gehen auf die Jagd nach Süßigkeiten.

nachbarten Wampanoag-Indianern für deren Unterstützung und eine gute Ernte bedanken wollten. Die Indianer hatten ihnen durch den ersten harten Winter geholfen und sie dann in den Anbau von Mais und anderer heimischer Pflanzen eingeweiht.

Kürbis spielt auch bei einem weiteren gesetzlichen Feiertag eine Rolle: **Halloween.** Es ist ein ursprünglich irisches Fest, das sich rasch über die ganzen USA verbreitet hat und mittlerweile auch in vielen europäischen Ländern gefeiert wird. Bei uns ist Halloween allerdings kein anerkannter Feiertag wie in den USA, sondern nur ein nächtlicher Spaß. Am Abend vom 31. Oktober gehen die Kinder als Hexen, Monster oder Gespenster verkleidet von Tür zu Tür und rufen: *»Trick or Treat!«* – »Süßes oder Saures!« In den Fenstern und vor den Türen leuchten Kürbisse, in die gruselige Fratzen geschnitzt wurden. In den amerikanischen Schulen findet zu diesem Anlass meist ein Fest statt, bei dem alle Schüler in Halloween-Kostümen erscheinen.

Der wichtigste amerikanische Feiertag ist natürlich der 4. Juli. An diesem Tag unterschrieben die ersten 13 britischen Kolonien im Jahre 1776 die Unabhängigkeitserklärung, und die Vereinigten Staaten von Amerika waren geboren. Den **Independence Day** feiern die Amerikaner mit Picknick, Musikveranstaltungen, Paraden und einem riesigen Feuerwerk. Es werden dabei mehr Raketen abgeschossen als an Silvester! Allerdings

Independence Day Parade

dürfen zu beiden Anlässen nur die Feuerwehr oder andere Organisationen das Feuerwerk zünden, für Privatpersonen ist das verboten.

Feiertage In den USA gibt es zehn gesetzliche Feiertage, wobei es sich dabei mehr um Gedenktage als um christliche Feiertage handelt, wie es eher bei uns üblich ist. Dazu zählen:

New Year's Day (31. Januar): Neujahrstag

Martin Luther King Day (3. Montag im Januar): Gedenken an den Geburtstag von Martin Luther King

Washington's Birthday (3. Montag im Februar): Gedenken an George Washington, den ersten Präsidenten der USA

Memorial Day (letzter Montag im Mai): Totengedenktag

Labor Day (1. Montag im September): Tag zu Ehren der arbeitenden Bevölkerung

Columbus Day (2. Montag im Oktober): Gedenken an die Landung von Christoph Kolumbus am 12. Oktober 1492 in der Neuen Welt

Veterans Day (11. November): anfangs »Tag des Waffenstillstands« zum Gedenken an die US-Soldaten im Ersten Weltkrieg; heute zu Ehren aller amerikanischen Kriegsveteranen

Veterans Day Parade in New York: An jedem 11. November gedenkt Amerika aller seiner Soldaten, die dem Land tapfer gedient haben.

Truthahn (engl. *turkey*)

Lebensdaten Bereits bei den nordamerikanischen Indianern beliebtes Nutztier (Fleisch, Federn)

Herkunft Nordamerika

Familie Fasanartige Hühnervögel

Besonderheiten Ein ausgewachsener Truthahn wiegt bis zu 10 kg; traditionelles Gericht beim Thanksgiving in den USA

Cooles aus den USA

Ein Skater springt mit seinem Brett, ohne es von seinen Füßen zu verlieren.

Amerika setzt Trends

Ist dir schon einmal aufgefallen, dass vieles, mit dem du dich beschäftigst oder was du isst, aus den USA kommt? Du fährst vielleicht Skateboard oder Mountain Bike, trinkst Coca-Cola, kaust Kaugummi oder gehst mit Freunden einen Burger essen. Auch unsere Sprache hat sich verändert: Durch das Internet (entstanden aus einem Projekt des US-Verteidigungsministeriums!) sind immer mehr amerikanische Fachbegriffe in das Deutsche aufgenommen worden: E-Mail, Chat, Link, Homepage, World Wide Web und viele andere mehr. Amerikanische Vokabeln haben einen festen Platz in unserer Sprache gefunden. Sie sind »eingedeutscht« worden und haben sich zu sogenannten »Amerikanismen« gewandelt.

Aber warum? Weil es cool klingt! Wenn du deine Freunde fragst, ob sie mit dir »Gleitbrett« statt Skateboard fahren gehen, hört sich das ziemlich komisch an. Das Gleiche gilt für »Zwischennetz« statt Internet oder »elektronische Post« statt E-Mail. Aber nicht nur Jugendliche reden so. Auch Erwachsene sind der Meinung, dass sich »Meeting« besser anhört als »Besprechung«, tragen ihre Termine in ihren Timer und nicht mehr in Kalender ein und machen in ihrem Job Deals wie die Börsenmakler in New York!

Auch unser Alltag ist schon recht amerikanisch: Im Fernsehen laufen viele US-Sendungen, angefangen von *Sesamstraße* für die ganz Kleinen über *Die Simpsons* für die größeren Kids bis hin zu *C.S.I. Miami* oder ähnlichen Krimiserien für Erwachsene. Bermudashorts und Sneakers sind im Sommer allgemein beliebte Freizeitkleidung. Die Jeans ist aus unserem Kleiderschrank nicht mehr wegzudenken und in fast jedem Schnitt und jeder Farbe zu erhalten. Wenn wir ins Kino gehen, um einen Film zu sehen, der sehr wahrscheinlich in Hollywood gedreht wurde, gehört ein Eimer Popcorn auf jeden Fall dazu. Anschließend steht meist ein Besuch in einem Fast-Food-

CU

Chatsprache

Wer erfand das Skateboard? Eine Gruppe von Wellenreitern in Kalifornien hatte in den 1970er-Jahren die Idee, dass sie doch auch auf der Straße surfen könnten. Dafür bräuchte das Surfbrett nur Rollen und müsste kleiner sein. So entstand das Skateboard. Skateboarden wurde ein Kultsport, der eine besondere Lebensart ausdrückt: Skateboarder gelten als rebellisch, cool und sehr kreativ. Sie üben auf der Straße oder in der Halfpipe. Ein Skateboarder braucht Durchhaltevermögen und Lernbereitschaft, denn der Sport ist schwierig und erfordert viel Training!

Treffpunkt Internet Im Februar 2004 entwickelte der Student Mark Zuckerberg an der Harvard Universität in Boston/Massachusetts das heute erfolgreichste soziale Netzwerk im Internet: Facebook. Das Netzwerk, das zunächst nur für Studenten gedacht war, wurde nach nur sechs Jahren von etwa 500 Millionen Menschen weltweit genutzt und bot 2010 sogar Stoff für einen erfolgreichen Kinofilm.

Wer mit seinen Freunden reden will, greift heute weniger zum Telefon oder verabredet sich zu einem Treffen, sondern chattet lieber auf ICQ und tauscht Neuigkeiten über Facebook, schülerVZ oder andere sogenannte *social networks* aus. Nach dem amerikanischen Vorbild entstand auch in Deutschland eine besondere Chatsprache mit Abkürzungen wie »OMG« oder »HDL«.

Die Bedeutung der Abkürzungen auf dieser Seite findest du im Anhang!

aktiv

Restaurant oder auch in einem Steakhouse auf dem Programm. Und in den nächsten Ferien geht es vielleicht ins Disneyland nach Paris? Der erste Disneyland-Park, sozusagen eine ganzjährige Kirmes, findet sich natürlich auch in Amerika. Er wurde von Walt Disney 1955 in Anaheim in Kalifornien gegründet.

Begonnen hat diese »USA-Liebe« nach dem Zweiten Weltkrieg, als die amerikanischen Soldaten als Befreier gefeiert wurden und alles, was aus den USA nach Europa kam, absolut in und cool war: Musik wie der Rock 'n' Roll, Mode wie die Petticoats, Kinohelden wie James Dean. Heute sind es eher Hip-Hop, Lady Gaga und ständig neue Hollywoodstars. Die Coca-Cola war allerdings schon vor dem Krieg da. 1929 begann die »Essener Vertriebsgetränkegesellschaft für Naturgetränke« mit der Produktion dieser amerikanischen Erfrischung, die ursprünglich als Medizin gegen Müdigkeit und Kopfschmerz gedacht war. Damals wurden in Essen etwa 35 Kisten pro Stunde abgefüllt. Heute sind es 3000!

Die beliebten Disneyfiguren Donald Duck, Goofy und Micky Maus im Disney Park von Orlando in Florida.

Fast Food

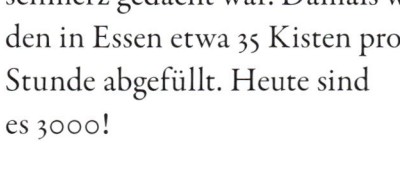

Kaugummi

Popcorn

Breakdance

Lebensdaten Entstanden in den frühen 1970er-Jahren

Herkunft New York/USA

Familie Hip-Hop-Bewegung

Besonderheiten Breakdance wurde ursprünglich von Jugendbanden auf den Straßen New Yorks getanzt, heute ist er auf der ganzen Welt populär. Der Tänzer dreht sich dabei um seine eigene Achse, wobei er auch mal nur auf einer Hand oder auf dem Kopf steht.

Tipps für USA-Fans

Typisch amerikanisch!

So verhältst du dich wie ein richtiger Amerikaner:
– Bitte kein Händeschütteln,
  nur beim allerersten Treffen!
– Nicht vordrängeln,
  wenn man irgendwo ansteht.
– Im Restaurant warten,
  bis der Kellner dir und deiner
  Familie einen Tisch zuweist.
– Nicht über Politik sprechen!
– Wenn du die Toilette suchst,
  nach dem »rest room« fragen
  und nicht nach den »toilets«.
– Immer ein paar Minuten zu spät
  zu einer Verabredung kommen!

Manche Dinge heißen im amerikanischen Englisch anders als im britischen Englisch, das du in der Schule lernst. Hier sind einige Beispiele:
Aufzug = *elevator* (nicht *lift*)
Wohnung = *apartment* (nicht *flat*)
Keks = *cookie* (nicht *biscuit*)
Süßigkeiten = *candy* (nicht *sweets*)
Kinofilm = *movie* (nicht *film*)

Nützliche Redewendungen

Das glaub ich dir nicht! –
  You're kidding!
Ich habe einen Bärenhunger! –
  I could eat a horse!
Ich fresse einen Besen! –
  I'll eat my hat!
Es regnet in Strömen. –
  It's raining cats and dogs.
Null Bock haben –
  to be cheesed off
Gut gelaunt sein –
  to be in a really good mood
Die Luft ist rein! –
  The coast is clear!
Den richtigen Riecher haben –
  to have a nose
Bleib sauber! –
  Mind your ps and qs!
Schwein haben – *to be lucky*
Ich habe keine Ahnung! –
  I haven't got the faintest idea!
Großes Aufhebens um etwas
  machen – *to make a big fuss
  about something*

Aufgepasst: Zeichensprache

Die Zeichensprache hat in den USA ähnliche Bedeutungen wie in Europa, aber es gibt auch Unterschiede. »Daumen hoch« bedeutet in den USA und bei uns in Europa gleichermaßen »Super, gut!«, und das V-Zeichen bedeutet fast überall auf der Welt »Friede!/Peace!« oder »Gewonnen!/Victory!« Aber: Mit einem Tippen des Zeigefingers an die Stirn meinen die Amerikaner nicht wie wir »Du spinnst!«, sondern »Du bist clever!« Und wenn sie zeigen wollen, dass sie dir die Daumen drücken, dann umschließen sie nicht den Daumen mit der Faust, sondern kreuzen Zeige- und Mittelfinger: »Cross fingers!«

Pausenspiele ganz groß

Womit vertreiben sich die amerikanischen Kids die Zeit auf dem Pausenhof? U. a. mit Gummitwist, Himmel und Hölle oder Seilspringen, ganz wie bei uns. Das Springen mit zwei Seilen nennt man *Double Dutch* (»Doppelter Holländer«). Es ist in den USA besonders beliebt, hat aber auch in anderen Ländern viele Fans. Sie treten in internationalen Wettkämpfen gegeneinander an und tragen sogar eine Weltmeisterschaft aus! Auf youtube.de kannst du beeindruckende Videos zum *Double Dutch* sehen. Die kleineren Mädchen auf dem Pausenhof singen dabei im Takt Reime wie »*Teddy bear, Teddy bear, turn around …* // Teddybär, Teddybär, dreh dich rum …«. Ältere Kinder und Jugendliche denken sich rapähnliche Reime aus und vollbringen tolle Kunststücke beim Springen.

Hast du gewusst, was die Abkürzungen in der Chatsprache auf S. 60 bedeuten? OMG = Oh, mein Gott, HDL = Hab dich lieb. Und CU = *See you,* d. h., wir sehen uns/tschüss!

Maßeinheiten und Uhrzeit

Wenn du in den USA in den Supermarkt gehst und Getränke kaufen möchtest, wirst du auf den Flaschen keine Angaben in Liter finden wie bei uns. Die Maßeinheiten in Amerika sind andere:
1 pint = 0,47 Liter
1 quart = 0,95 Liter
1 gallon = 3,79 Liter
1 ounce = 28,35 g
1 pound = 453,59 g
1 inch = 2,54 cm
1 foot = 30,48 cm
1 yard = 0,91 m
1 mile = 1,609 km

Die Temperatur messen die Amerikaner in Fahrenheit (°F), nicht in Celsius (°C) wie wir. Zum Umrechnen: 1 °C sind 33,8 °F.

Bei der Uhrzeit musst du ebenfalls achtgeben: Die Amerikaner unterscheiden nicht zwischen 10 Uhr (morgens) und 22 Uhr (abends), sondern sie sagen immer 10 Uhr. Den Unterschied zeigt in den USA ein Zusatz an:
a.m. = vormittags oder
p.m. = nachmittags.

Für ein Jahr in die USA?

Viele Jugendliche nutzen heutzutage die Möglichkeit, ein Jahr ihrer Schulzeit im Ausland zu verbringen. Die USA sind dabei das Austauschland Nummer 1. Doch wie organisiert man so einen Auslandsaufenthalt? Da gibt es verschiedene Möglichkeiten.

Die Kosten für ein Jahr High School in den USA sind recht hoch, deine Familie muss mit etwa 6000 bis 7000 Euro rechnen. Zu diesen Kosten kommen weitere Nebenkosten wie Taschengeld hinzu. Deshalb ist es wichtig, eine verlässliche Organisation für den Austausch zu finden. Am besten ist es natürlich, wenn deine Schule bereits ein Austauschprogramm mit einer High School in den USA hat, doch das ist eher selten.

Auf dem Deutschen Bildungsserver für Internationale Pädagogische Forschung in Frankfurt/Main finden Schüler und junge Berufstätige interessante Informationen und zahlreiche Einrichtungen, über die ein Austausch in die USA möglich ist: http://www.deutsche-kultur-international.de/de/themen/jugendaustausch/transatlantischer-jugendaustausch.html

Auch das Goethe-Institut bietet einen Austauschservice (German American Partnership Program) an und informiert unter: http://www.goethe.de/ins/us/lp/lhr/aus/deindex.htm

Ansonsten solltest du Schüler deiner Schule befragen, die bereits ein Jahr in den USA waren und dir mit ihren Erfahrungen sicherlich gut weiterhelfen können.

Zahlen, Daten, Fakten

Staatsform: präsidiale Bundesrepublik
Hauptstadt und Regierungssitz: Washington, D. C.
Gründungsdatum:
  4. Juli 1776 / 3. September 1783
Einwohner: 307 Millionen
Anzahl der Bundesstaaten: 50
Religionen: Es gibt keine Staatskirche und auch kein Register über die Religionszugehörigkeit der Einwohner Amerikas. In Umfragen bezeichneten sich mehr als die Hälfte der Amerikaner als Protestanten, ein Viertel als Katholiken. 2 Prozent der Amerikaner sind Mormonen, 1,5 Prozent Juden und 0,5 Prozent gehören dem muslimischen Glauben an. Kleinere Minderheiten bekennen sich zum Hinduismus, Buddhismus oder zu den Zeugen Jehovas. Insgesamt 82 Prozent der Amerikaner bezeichnen sich als religiös – in Deutschland sind es nur rund 70 Prozent.
Fläche: 9,8 Millionen km². Das ist mehr als 25-mal so groß wie Deutschland.
Küstenlinie: 19 924 km
Landessprache: Englisch, Spanisch, indigene Sprachen
Währung: 1 US-Dollar = 100 Cent
Größter Bundesstaat: Der bevölkerungsreichste Bundesstaat der USA ist Kalifornien – dort leben 36,5 Millionen Amerikaner. Die größte Fläche hat dagegen Alaska ganz im Norden – rund 20 Prozent der Gesamtfläche der USA! Während in Kalifornien 86 Menschen auf einem Quadratkilometer leben, sind es in Alaska nur 0,4.
Größte Stadt: New York City mit 8,2 Millionen Einwohnern. Zählt man die nähere Umgebung der Stadt dazu, kommt man sogar auf 19 Millionen Einwohner.
Höchster Berg: Der höchste Berg der USA steht in Alaska. Der Mount McKinley ist 6194 Meter hoch und verdankt seinen Namen dem 25. US-Präsidenten William McKinley.

Internet

Auf folgenden **Websites** kannst du mehr über die USA und ihre Besonderheiten erfahren und dabei dein Englisch ein wenig üben:

Die im Buch erwähnten Naturparks kannst du auch erst einmal über das Internet besuchen:
Yellowstone-Park:
http://www.yellowstonenational
park.co
Everglades:
http:www.nps.gov/ever/index
Grand Canyon:
http://www.grand.canyon_
national-park.com/
Redwood-Nationalpark, in dem die Mammutbäume stehen:
http://www.nps.gov/redw/
Yosemite-Nationalpark:
http://www.nps.gov/yose/
Niagarafälle:
http://www.niagara-usa.com/
Monument Valley Navajo Tribal Park: http://www.navajaonation
parks.org/htm/monumentvalley
.htm

Viele interessante Websites führen dich entlang der legendären Route 66. Die folgende bietet viele Tipps und Wissenswertes über den Abschnitt durch den US-Bundesstaat Illinois:
http://www.illinoisroute66.org/

Auf den Seiten des National Park Service findest du viele Informationen über Parks und Sehenswürdigkeiten in den USA, unter anderem zu unserer Einbandabbildung, dem Mount Rushmore. Auf der Website kannst du auch herausfinden, welchen vier US-Präsidenten hier ein Denkmal gesetzt wurde …
http://www.nps.gov/moru/index
.htm

Einen guten Eindruck vom **Leben der Amischen** erhältst du unter:
http://www.800padutch.com/
amish.shtml

Was machen die **Navajo-Indianer** heute? Schau nach unter:
http://www.discovernavajo.com/

Im **Plymoth Plantation Freilichtmuseum** erfährst du viel Wissenswertes über die ersten Siedler in Amerika und über die Wampanoag-Indianer, die den Siedlern damals halfen, den ersten Winter zu überstehen, und die es heute immer noch gibt! Klick dich durch unter:
http://www.plimoth.org/

Hier erfährst du alles über die aktuelle **amerikanische Regierung** und kannst sogar Sitzungen der Abgeordneten per Video live erleben:
http://www.visitthecapitol.gov

Museumstipps in Deutschland

Auswandererhaus Bremerhaven
Kannst du dir vorstellen, wie sich die Menschen fühlten, die Anfang des 20. Jahrhunderts von Bremerhaven aus ihre Reise nach Übersee antraten? Kannst du dir vorstellen, wie es ist, aus Deutschland wegzugehen und nie wieder zurückzukommen? Nein? Dann schau doch mal im Auswandererhaus in Bremerhaven vorbei. Jeder Besucher schlüpft hier in die Rolle eines Auswanderers auf dem Weg nach Amerika, Brasilien oder Argentinien. Bist du bereit für die Reise?
www.dah-bremerhaven.de

Museum für Völkerkunde Hamburg
Im Museum für Völkerkunde in Hamburg dreht sich alles um fremde Kulturen. Neben Ausstellungen über Volksstämme der Südsee oder Asiens gibt es auch eine Abteilung, die sich mit den Indianern Nordamerikas beschäftigt. Vielleicht möchtest du deinen nächsten Geburtstag hier unter dem Motto »Bei den Indianern in der Prärie« feiern?
www.voelkerkundemuseum.com

Staatliches Museum für Völkerkunde München
Auch das Museum für Völkerkunde in München hat einen eigenen Saal, in dem sich alles um die indianischen Kulturen Nordamerikas dreht. Es gibt z. B. tolle Masken zu sehen und Führungen speziell für Kinder. Und in einem der Workshops kannst du Indianer-Ketten basteln.
www.voelkerkundemuseum-
muenchen.de

Weitere Web-Tipps

Amerika-Häuser sind Treffpunkte für Kinder, Jugendliche und Erwachsene. Hier findet ein kultureller Austausch zwischen Deutschen und Amerikanern statt. Es gibt Info- und Mitmachveranstaltungen für jedes Alter und zu den verschiedensten Themen rund um die USA. Amerika-Häuser gibt es in vielen deutschen Städten und Regionen. Vielleicht auch in deiner Nähe! Einige Websites findest du hier:

http://www.amerikahaus-
nuernberg.de/ (Amerika-Haus Nürnberg)
http://amerikahaus.de
(Amerika-Haus München)
http://www.culturaldiplomacy
.org/amerikahausberlin/index
.php?en (Amerika-Haus Berlin)
http://www.amerikahaus-nrw.de/
portrait.html
(Amerika-Haus Köln)
http://www.amerikazentrum.de/
(Amerika-Haus Hamburg)
http://www.dai-tuebingen.de/
(deutsch-amerikanisches Institut Tübingen)

http://www.die-geobine.de/
usa.htm
Einen guten Überblick über die USA findest du auf den Seiten der Geobine. Dort sind kurz und übersichtlich viele USA-Fakten zusammengestellt Du kannst dir außerdem ein typisches amerikanisches Lied anhören und ein amerikanisches Märchen lesen.

http://www.palkan.de/
ge-obama.htm
Einen Text über den US-Präsidenten Barack Obama und viele weitere interessante Informationen über die USA findest du bei Palkan, dem Schüler-Magazin für pfiffige Schülerinnen und Schüler. Und mitschreiben kannst du bei Palkan auch! Weil alle Texte überprüft werden, kannst du dich auf die Informationen verlassen.

http://www.kindernetz.de/
infonetz/thema/starkefrauen/
rosaparks/-/id=86188/
nid=86188/did=35600/9p6017/
index.html
Hier kannst du die Geschichte von Rosa Parks lesen, einer schwarzen Amerikanerin, die sich in den 1950er-Jahren gegen die Rassentrennung eingesetzt hat.

http://www.br-online.de/
kinder/fragen-verstehen/wissen/
2005/00838/
Hier gibt es viele Informationen zu Cowboys und Indianern im »Wilden Westen«.

http://www.labbe.de/zzzebra/
index.asp?themaid=558
Du interessierst dich für Indianer? Auf diesen Seiten findest du indianische Spiele, die Zahlen der Indianer und ein Lexikon der Rauchzeichen.

http://www.lindenmuseum.de/
inhalt/dauerob/nord/framenord
.html
Noch eine Seite für Indianer-Fans! Auf den Seiten des Lindenmuseums in Stuttgart, das Kunst und Alltag in verschiedenen Regionen der Erde zeigt, kannst du dich auch von zu Hause aus auf die (virtuelle) Reise begeben und z. B. sechs verschiedene Indianerstämme besuchen. Natürlich kannst du auch im richtigen Museum vorbeischauen!

Du möchtest mehr über die beliebtesten Sportarten der Amerikaner erfahren? Die US-Sportligen betreiben eigene Websites mit vielen Infos über die Geschichte der Sportarten und aktuellen Neuigkeiten:

National Basketball Association:
http://www.nba.com/global/ oder http://www.nba.de/

Major League Baseball:
http://mlb.mlb.com/index.jsp

National Hockey League:
http://www.nhl.com/

National Football League:
http://www.nfl.com/

Major League Soccer:
http://www.mlsnet.com/

Register